LE TAUREAU

Michèle Curcio

Les Signes du Zodiaque

Le Taureau

Seghers
Sand

Frontispice :
Liber Astrologicae, XIVe siècle (Bibl. nat.).

ISBN 2-7107.0100.6

SOMMAIRE

Première partie

Deuxième partie

Troisième partie

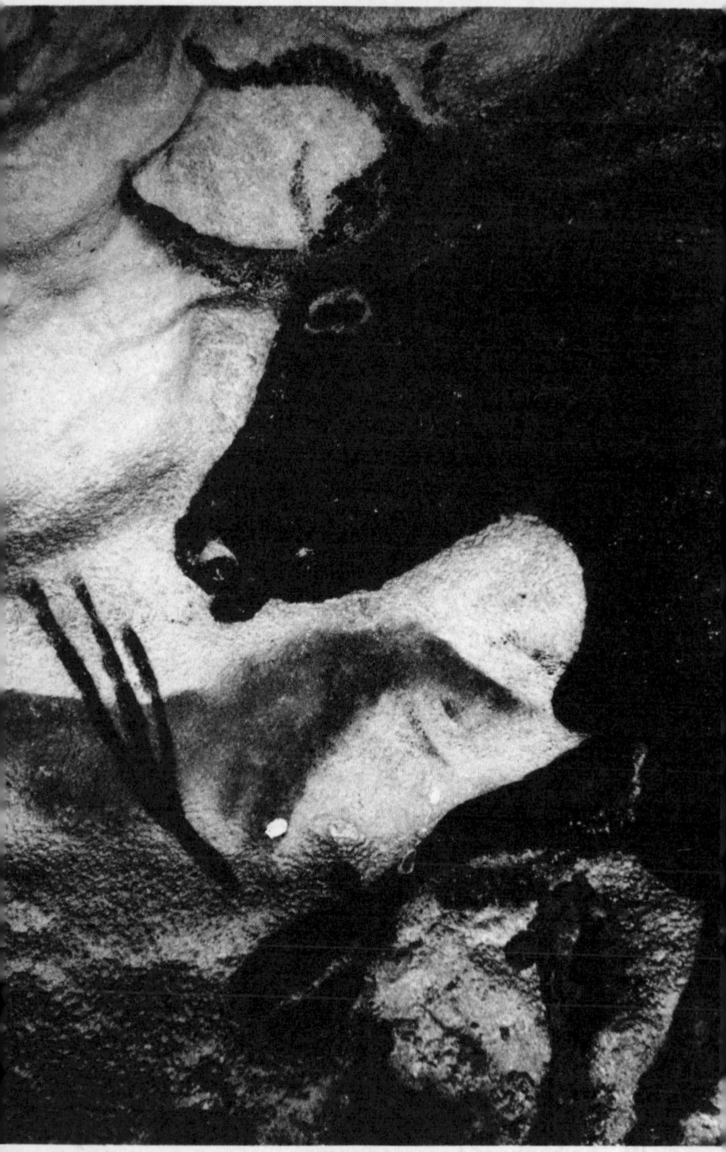

Auroch ou taureau ?
Peinture d'une grotte de Lascaux.

Première partie

Taureau, *par Picasso. Lithographie de 1945.*

Chapitre I
L'ère du Taureau

Chaque année, le 21 mars, comme je l'ai souligné dans le volume concernant le Bélier, le Soleil se lève en un point de l'horizon qui est situé à l'intersection de l'équateur céleste et de l'ecliptique. C'est le jour de l'équinoxe de printemps. Cette date est caractéristique car elle sert de base aux calculs astronomiques. Le jour et la nuit y sont d'égale durée.

Le point où le Soleil se lève le jour de l'équinoxe de printemps est appelé point vernal. Désormais, les jours vont devenir plus longs et les nuits plus courtes. Il y a un second équinoxe : équinoxe d'automne, date à partir de laquelle le jour va diminuer et la nuit devenir de plus en plus longue. Au solstice d'été, on aura la nuit la plus courte de l'année dans l'hémisphère boréal, le nôtre; au solstice d'hiver, le jour le plus court.

Le point vernal n'est pas d'une fixité absolue; il se déplace sur le cercle zodiacal. Tout se passe comme s'il reculait sur ce cercle; en considérant une période suffisamment longue, on constate que ce point passe d'un signe à l'autre en les parcourant à l'envers. Ce phénomène est appelé la précession des équinoxes et de nombreux commentaires ont été publiés à ce sujet.

Ce déplacement fait parcourir au point vernal le cercle complet de 360 degrés en un peu moins de deux cent soixante siècles.

Si le point vernal n'est pas fixe, au jour du 21 mars, le Soleil ne se lèvera plus au commencement du signe du Bélier. On pose en principe qu'il se lève dans le premier degré de ce signe. On s'étonne alors de découvrir que, depuis le 21 mars 1962, le Soleil se lève dans le signe du Verseau !

Cela nous apprend que, depuis l'invention du Zodiaque, le point vernal a franchi au moins deux constellations, deux signes. Il a parcouru le Bélier et les Poissons. On suppose qu'en remontant plus avant dans le temps, le point vernal, lorsqu'il est entré dans le signe du Bélier, vient tout simplement de quitter le signe du Taureau.

Il se trouve que l'archéologie confirme cette hypothèse.

La civilisation du Taureau

Cette notion de la précession des équinoxes a une grande valeur dans l'étude de l'histoire des religions et de l'histoire de l'humanité. Pourquoi ? Parce qu'on s'est aperçu qu'il existait une correspondance entre le signe dans lequel se trouve le point vernal et les événements qui se déroulent pendant la même période sur la Terre.

Des traits propres à la civilisation de l'ère du Taureau, on peut tirer des indications concernant les natifs de ce signe; car tout est harmonie et l'Univers forme un ensemble cohérent; il suffit de savoir y lire les correspondances. Nombreux sont les gens qui le font par intuition.

Considérons donc avec intérêt ce qui a marqué l'ère du Taureau.

On a constaté qu'étant donné la vitesse du mouvement de précession des équinoxes, le Soleil se levait, le 21 mars, dans le même signe du Zodiaque pendant deux mille cent soixante ans environ : c'est la durée d'une ère astrologique. Il reste à trouver, après avoir noté que le Soleil se lève dans la constellation du Verseau pour la première fois le 21 mars 1962, en quelle année il s'est levé pour la première fois dans le secteur zodiacal du Taureau. Cette période se situe de

4518 avant Jésus-Christ jusqu'en 2370 avant Jésus-Christ.

Pour s'informer sur cette époque, il faut avoir recours aux découvertes de l'archéologie.

On s'aperçoit qu'à Sumer, dont l'apogée se situe dans l'ère du Taureau, la religion s'organise autour d'un Dieu-Taureau. Les Sumériens sont des agriculteurs. Autour de leur ville, les fleuves inondent périodiquement les terres arables. Après le retrait des eaux, on lance des troupeaux de taureaux qui piétinent le sol. Plus tard, les Sumériens apprennent à labourer.

Cette tradition s'explique par la croyance des Sumériens dans la toute-puissance du Taureau.

Il fallait se concilier les Taureaux, symboles de puissance, et certains auteurs voient dans cette prétendue nécessité la naissance du culte du Taureau en tant que religion.

Selon une autre thèse, c'est parce que le Soleil se levait, au premier jour du printemps, dans le signe zodiacal du Taureau que l'on confiait à ces animaux le soin de remuer la terre et de lui donner sa fertilité. En fait, nous savons qu'il y eut une religion du Taureau et que, lorsque le Soleil entra dans le signe du Bélier, la religion du Bélier remplaça celle du Taureau. En réalité, l'homme n'aurait-il pas été toujours égal à lui-même et toujours intuitif des grandes réalités de son univers ?

Le dieu-taureau des Sumériens s'appelait Enlil. La légende disait qu'il s'accouplait à une vache de dimensions cosmiques appelée Nimlil. On lui adressait des prières et des chants :

« Taureau sublime, taureau sublime et tout-puissant
Créateur du monde,
O seigneur des pays,
O Enlil, père de Sumer,
Berger du peuple aux cheveux noirs. »

Dans l'Inde antique

Lorsque le pays de Sumer est vaincu et conquis par Babylone, on s'attend à ce qu'une autre religion soit imposée à la population, selon la coutume générale. C'est bien ainsi que cela se produit, mais on s'aperçoit que la nouvelle divinité se présente aussi sous la forme d'un Taureau. Selon l'historien des religions Mircea Eliade : « Tous les dieux célestes sont créateurs; ils font le monde, les êtres vivants. » La fécondité n'est qu'une, entre autres, de leurs possibilités. Mais nous demandons : « Pourquoi le Taureau ? D'autres animaux sont des fécondateurs et un bel étalon... » La réponse paraît bien être : « Parce que le point vernal est dans le signe du Taureau. »

Dans l'Inde antique, par exemple, qu'en est-il à la même époque ? Le dieu qu'on y vénère s'appelle Dyaus et il a la forme d'un taureau. Mais voici que, dans le panthéon des dieux de l'Inde, la prédominance est donnée à Indra, divinité des pluies et de la fertilité; et c'est un dieu que l'on compare à un taureau.

Plus tard, la civilisation pré-aryenne de l'Inde vouera un culte à Rudra, divinité-père, et qui est aussi appelé Taureau.

« Le Taureau Rudra les a créés dans la claire mamelle de Prishni », lit-on dans les textes du temps. (Prishni est la vache cosmique, selon l'*Atharva Véda*, chap. X, chant 10).

On trouve aussi le taureau dans le culte protohistorique de la même époque de Mohenjodaro et du Beloutchistan. Il se retrouve aussi dans les religions d'Afrique et eurasiatiques.

Cependant la Lune paraît aux prêtres commander le régime des eaux; elle distribue donc, elle aussi, la fécondité. D'où l'association d'idées entre la Lune et le Taureau; c'est probablement pour cela qu'on a cherché à voir un croissant de Lune dans la forme des cornes du Taureau et qu'on a utilisé cette relation dans le signe symbolique zodiacal du Taureau : un petit disque surmonté d'un croissant les pointes en l'air.

La Déesse-Mère

En accentuant peu à peu les fonctions météorologiques du Taureau-Lune, on arrive à faire du Dieu-Taureau le partenaire de la Déesse-Mère.

On retrouve la Déesse-Mère dans toutes les religions de l'ère du Taureau.

Le Phénicien Sanchoniation a écrit : « Il advint que le souffle s'éprit de ses propres principes; c'est de cette union que procéda la génération de l'Univers. »

Sous l'influence des Crétois, les Grecs ont connu le Dieu-Taureau. A l'époque où la Grèce subissait les vagues successives des Ioniens, des Achéens, des Doriens, plus de deux mille ans avant Jésus-Christ, elle avait déjà un dieu taurin. Ce culte évolua vers l'exaltation des plaisirs des sens, auxquels est relié l'acte de procréer, et ce fut le culte de Dionysos. Le taureau en était la vivante incarnation.

Nous rejoignons ici la mythologie, avec le Minotaure.

Dans le culte dionysiaque, l'agriculture était présente, avec le lierre et le vin. Les fidèles s'en allaient dans la campagne à la recherche d'une union mystique totale avec le dieu. Ils se munissaient de torches et couraient à travers bois sans aucune contrainte. Ils se libéraient de leurs « tabous » et donnaient libre cours à tous leurs instincts habituellement bridés et tenus en lisière par la civilisation et l'éducation qu'exige la vie en société. Une orgie sexuelle s'ensuivait. Il nous en est resté le Carnaval.

Zeus lui-même adoptait parfois la forme d'un Taureau; on le représentait voguant légèrement sur les eaux, portant sur son dos une Europe consentante qu'il venait d'enlever.

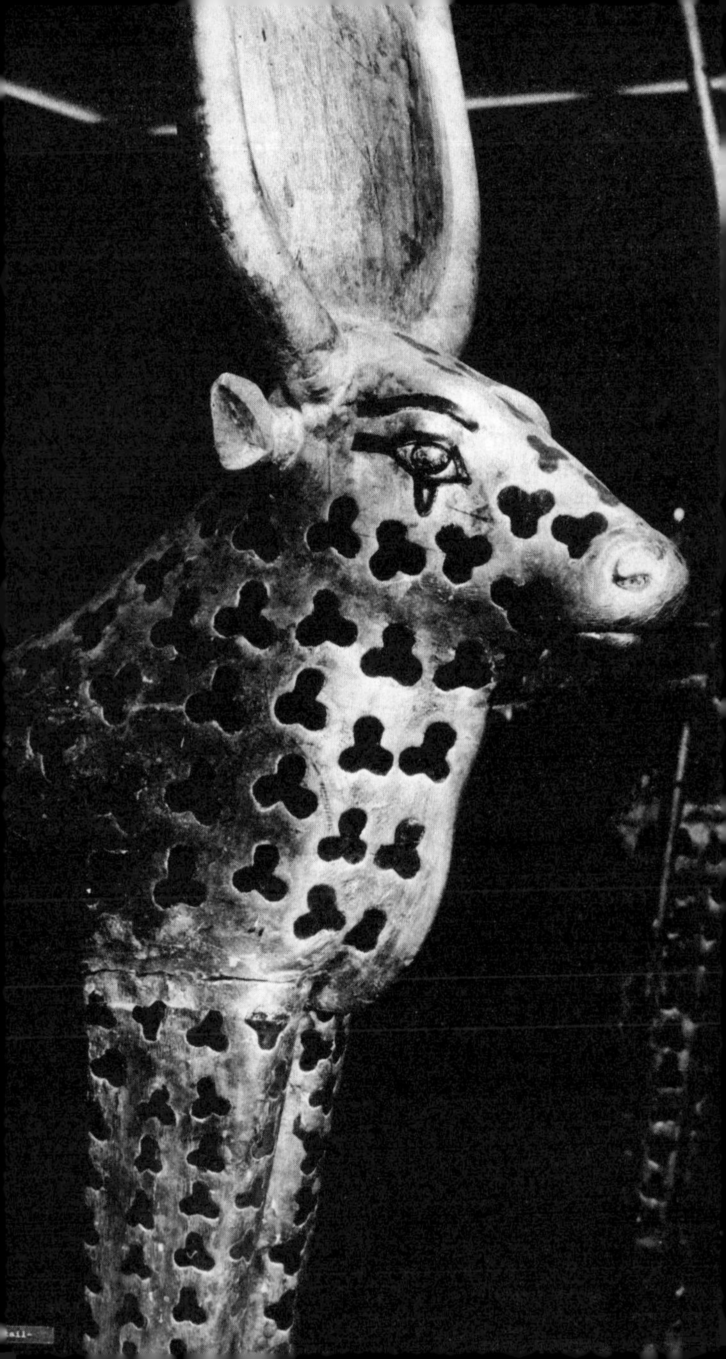

L'Égypte ancienne

L'Égypte, à la même époque, c'est-à-dire entre 4530 et 2370 avant Jésus-Christ, était également sensibilisée à la présence du point vernal dans le signe du Taureau. C'était un dieu à la tête de Taureau qui était l'objet du culte. Il s'appelait Bœuf Apis et représentait l'incarnation de Râ sur la terre, Râ étant le nom du Soleil comme dieu procréateur de tout.

Pour les Égyptiens la renaissance annuelle du monde se faisait à la conjonction Soleil-Lune dans le signe du Taureau. Le Bœuf Apis, qui était consacré à Orisis, portait sur ses cornes un croissant, emblème d'Isis.

Curieusement, dans l'alphabet hébreux la première lettre est « éleph » qui signifie Taureau. Celle-ci dérive de la première lettre de l'alphabet grec, « alpha », dont le graphisme est semblable au signe hyéroglyphique du Taureau.

Vénus

Sous le signe du Taureau se déroule le rite d'union mâle-femelle, homme-femme, et ce culte implique forcément celui de l'amour physique et de la beauté.

Avant d'être un signe lunaire, le Taureau est un signe vénusien. Vénus, c'est l'étoile du berger, l'étoile des confidences sentimentales. La plus belle des étoiles, et Homère l'appelle « calistos », ce qui veut dire en grec « la belle ».

Elle apparaît dans toutes les mythologies sous les traits de la beauté pure. Elle est partout le symbole du printemps et de la fécondité.

Le plus bel exemple reste celui d'Aphrodite, type achevé de la beauté féminine.

Les astrologues connaissent deux aspects zodiacaux de Vénus : Vénus de la Balance est aérienne.

La vache sacrée Hathor. Trésor de Toutânkhamon. Égypte, XVIIIe dynastie (musée du Caire).

spirituelle, pure et gracieuse. Il y a aussi Vénus du Taureau qui est charnelle, terrestre, féconde, éclatante de santé, c'est la Vénus-Génitrix des Romains.

Tauromachie et afficionados

Dès qu'on parle de taureau, une image cruelle se dessine : celle d'une bête splendide qu'on excite jusqu'à la fureur et qui doit périr par le fer.

Les « courses de taureau », comme on les appelle dans le Midi, ou les « corridas » en Espagne, sont une représentation spectaculaire, grandiloquente et passionnée qui remonte au temps où le Soleil quitta le signe du Taureau pour entrer dans celui du Bélier, selon le phénomème de la précession des équinoxes. Avant cette ère, on pratiquait dans cette partie de l'Europe le culte de Mithra.

Mithra, dieu solaire, est un taureau aux cornes d'or.

Le culte de Mithra voyait sa plus grande célébration se dérouler le 25 décembre à midi. Ce jour-là, dans les principales agglomérations, les arènes se remplissaient d'une foule heureuse. Le soleil inondait le sable et bientôt, selon le déroulement d'un rite solennel et respecté, on introduisait le plus beau Taureau de l'année, dont on avait doré les cornes et les sabots et lustré la robe. Ornée de rubans et de joyaux, la bête était présentée au Soleil en offrande vivante, car le soleil est la vie même. Honoré pendant douze mois, le Taureau était remplacé au 25 décembre de l'année suivante par un taureau de la nouvelle année.

Heureux de ces fêtes, le dieu solaire renonçait à poursuivre sa course descendante qui allongeait les nuits et raccourcissait les jours; il répondait aux fêtes en restant chaque jour quelques minutes de plus au-dessus de l'horizon.

Ce culte au Soleil invaincu s'est perpétué dans le

Mithra sacrifiant le taureau. Bas-relief romain (musée du Louvre).

cœur des peuples des provinces d'Occitanie. On voit aujourd'hui dans cette région des fêtes populaires au cours desquelles le descendant de Mithra, taureau invincible et sacré, le beau et dynamique taureau de Camargue ou des Landes, est poursuivi sans blessure et sans fer, sans glaive, simplement et joyeusement orné au front de cocardes multicolores et de flots de rubans fixés à ses cornes; les jeunes sportifs vêtus de blanc courent dans l'arène et doivent rapporter cocardes et rubans, obtenus au prix d'esquives et de pourchas dans les rires et les cris d'encouragement des spectateurs. Fêtes de joie et de lumière, ces manifestations ont perdu tout caractère religieux et culturel, mais le souvenir de leur origine est tenace au cœur de quelques fidèles passionnés.

Le Taureau invaincu n'est plus un dieu. Astrologiquement, le Bélier lui a succédé. En souvenir de cet avènement, nous avons aujourd'hui les « corridas » avec leurs dramatiques « mises à mort ».

Lorsque le point vernal, par suite de la précession des équinoxes, est passé dans le signe du Bélier, on a « renversé le veau d'or », c'est-à-dire renoncé au culte du Fils du Taureau. Dans les régions où l'on adorait Mithra, on a voulu tuer ce culte. Le taureau, désormais, dans un spectacle cruel et avec une étrange sauvagerie, est jeté dans l'arène après avoir été excité et rendu furieux. Un ballet d'hommes et de chevaux l'irrite et le ridiculise en le blessant de banderilles piquées à même la chair vivante. Il est destiné à mourir par le fer (le fer est le métal de la planète Mars, qui gouverne le signe du Bélier) après avoir été leurré avec une cape rouge (le rouge est la couleur du signe du Bélier). L'auteur de sa mort, le « matador » ou le « torero », porte sur la tête (le Bélier correspond à la tête dans le corps humain) le symbole du Bélier : une coiffure ornée sur les côtés de coquilles rappelant par leur forme les cornes enroulées du Bélier, et sur la nuque d'un curieux catogan représentant la queue laineuse du conducteur du troupeau. Ainsi, à chaque « corrida », cruellement, le Bélier signifie au Taureau que son règne est révolu.

Voici, d'une part, l'Occitanie, qui réunit les provinces françaises du Midi, celles où l'on parle la langue d'oc. C'est dans toute cette région qu'on a voulu maintenir vivace le culte de Mithra et que l'on conserve les fêtes au cours desquelles le Taureau est mis en valeur, admiré et provoqué à des jeux sans risque. Or que s'est-il passé ? Toute cette région a vu petit à petit son merveilleux rayonnement, qui constituait l'un des plus beaux fleurons de la civilisation, diminuer et s'éteindre, bien que ses habitants aient tout tenté pour que dure leur gloire. Mais ils n'ont pas su entrer dans le rythme cosmique et sacrifier le Taureau. On a vu la langue de ces provinces, qui était assez riche et assez souple pour permettre d'écrire des œuvres délicates, poétiques et fortes, ne pas réussir à dominer la langue de la moitié nord de la France, la langue d'oïl, qui a fini par prévaloir. Aujourd'hui, en dépit d'efforts sporadiques pour la tirer de l'oubli, la langue d'oc est considérée par les tenants du pouvoir centralisateur comme un patois régional et la gloire des provinces occitanes a sombré au cours de luttes, de rivalités, de croisades sanglantes et douloureuses. Pour garder sa gloire et imposer sa langue, la population de cette région aurait dû renoncer au Taureau et sacrifier l'animal symbolique au profit du Bélier.

Ne remarque-t-on pas que le « oui » rappelle le bêlement de l'agneau tandis que l'« oc », qui se prononce, comme on sait, « o-ou » et sert souvent d'appel, est une allusion directe au mugissement du taureau ? La même faute a été commise par l'Inde qui reste endormie dans le respect religieux de la vache, la déesse-mère, sans même savoir pourquoi.

L'Espagne, qui a organisé savamment le rite du sacrifice du Taureau et en a fait un spectacle, a connu une période si glorieuse que les terribles luttes qu'elle a dû mener contre les Sarrazins pour la « Reconquista » n'ont pas achevé de détruire sa chance; la fin du Moyen Age et la Renaissance ont été pour elle des périodes de gloire et de rayonnement.

Il n'y a pas lieu de s'étonner du décalage séparant le changement d'ère de ses effets. Sur le plan astrologique, la durée est infiniment plus longue pour un peuple que pour l'individu parce que les événements et leurs conséquences sont d'une complexité qui leur fait couvrir plusieurs siècles, alors que dans un destin individuel ils ne couvriraient qu'une génération, deux au plus.

L'Espagne n'a pas encore cessé de sacrifier le Taureau au Bélier, l'ère du Bélier est finie, et l'ère des Poissons s'achève. Nous arrivons à l'ère du Verseau. Ce retard dans son évolution se retrouve dans son histoire, car depuis la gloire du XVIe siècle, l'Espagne n'a connu que le déclin.

Calendrier à l'usage du chapitre de sainte Aldegonde à Maubeuge, XIVe siècle.

Chapitre II

Le Taureau au sein du Zodiaque

« La terre promise vous entoure :
vous ne le savez pas. »
MONTHERLANT.

L'année astrologique ne commence pas le 1er janvier, comme notre année civile, mais le 21 mars; cette saison de renaissance, de création, qu'est le printemps s'étend sur les trois premiers signes zodiacaux de l'année : le Bélier, le Taureau, les Gémeaux.

Dans le Bélier, le printemps sourd de la terre en jeunes pousses tendres d'une force inimaginable puisqu'elles se percent à travers le sol durci un étroit passage conduisant à la lumière. Dans les Gémeaux, le pollen des fleurs se disperse et cherche les meilleures conditions de reproduction. Entre ces deux signes, le Taureau voit éclater les bourgeons, s'ouvrir les jeunes feuilles et s'épanouir quelques fleurs précoces.

C'est dans le signe du Taureau que le Soleil se lève du 21 avril au 20 mai. Il faut donc tenter de définir ce qu'on entend par signe zodiacal et quelle est l'origine de ces noms.

Les constellations

Dès la plus haute antiquité, les bergers, les savants et les prêtres ont pris l'habitude d'observer dans le ciel la disposition de ces merveilleuses lumières éclairant la nuit, toutes les nuits, et s'éteignant à l'aurore. Les supposant toutes sur un même plan qui

constituait le firmament, ils les ont vues former des dessins et chaque groupe, chaque archipel d'étoiles, fut alors défini et nommé; ce fut la constellation.

Une autre observation attira l'attention de ces précurseurs : toutes les personnes nées dans la même période de chaque année possédaient des traits communs. La conclusion qu'on en tira fut qu'en présence de telle ou telle constellation, les enfants nouveau-nés recevaient des dons déterminés. On fit une comparaison entre les caractères des natifs, le déroulement des saisons et la position des groupes d'étoiles. On obtint alors la liste que nous utilisons encore aujourd'hui des douze signes allégoriques du Zodiaque.

Le mouvement des sphères célestes n'est pourtant pas aussi rigoureusement régulier qu'on aurait pu le penser et, au bout de plusieurs millénaires, ce ne sont plus les mêmes constellations qui se trouvent dans le ciel au moment de la naissance de ceux qui en avaient déterminé le nom et la signification. Les natifs du Taureau naissaient lorsque le Soleil, en montant à l'horizon oriental, masquait la constellation à laquelle on avait donné ce nom; aujourd'hui, cette rigueur n'est plus, mais les natifs de cette période, qui va du 21 avril au 20 mai, ont toujours des caractéristiques justifiant le symbole du Taureau.

Les signes

Le Taureau est le deuxième signe du Zodiaque. Le voici placé à son rang, au sein de la liste des douze signes et des dates auxquelles commencent et se terminent ces signes.

Le Bélier	21 mars - 20 avril
Le Taureau	21 avril - 20 mai
Les Gémeaux	21 mai - 21 juin

Le Cancer	22 juin - 22 juillet
Le Lion	23 juillet - 22 août
La Vierge	23 août - 22 septembre
La Balance	23 septembre - 22 octobre
Le Scorpion	23 octobre - 21 novembre
Le Sagittaire	22 novembre - 20 décembre
Le Capricorne	21 décembre - 19 janvier
Le Verseau	20 janvier - 18 février
Les Poissons	19 février - 20 mars

Le Soleil met trente jours à parcourir chaque signe du Zodiaque. Cela exprime une apparence, non une réalité. L'astrologue, en effet, représente le Zodiaque par un cercle divisé en douze secteurs de trente degrés. Chacun de ces secteurs correspond en principe à l'un des signes du Zodiaque; en fait, il correspond à une période déterminée par le caractère des natifs de cette époque. Le Soleil paraît toujours se lever au même point par rapport à un repère terrestre, mais paraît se déplacer par rapport aux étoiles. C'est de cette marche apparente que parle l'Astrologie.

Ceux qui naissent pendant la période de l'année où le Soleil se lève dans le signe du Taureau, les natifs du Taureau, possèdent des caractères communs, quelle que soit l'année de leur naissance. Ces caractères sont la marque de l'harmonie universelle : qui vient au monde au cours de la saison où les plantes sortent de terre n'aura pas les mêmes défauts ni les mêmes qualités que celui qui a vu le jour à l'heure où les feuilles se fanent et tombent et où la neige se prépare à recouvrir toutes choses pour plusieurs semaines.

Les planètes de votre ciel de naissance

Pendant cette période du Taureau qui va du 21 avril au 20 mai, le Soleil a parcouru trente degrés sur le cercle zodiacal, du 31e degré au 60e degré. Ayant ainsi déterminé le signe zodiacal de naissance, ce qui définit les principales caractéristiques du sujet, on a l'habitude de rechercher d'autres précisions en observant la position des planètes à l'heure de la naissance, vue du lieu de la naissance. Quelles sont ces planètes qui pourraient influencer le destin du natif ? Ce sont le Soleil, la Lune, Mercure, Vénus, Mars, Jupiter, Saturne, Uranus, Neptune et Pluton.

Apparemment, chaque planète, vue de notre Terre, voyage dans notre ciel à une vitesse qui lui est propre; ce qui fait qu'en apparence, elles se déplacent les unes par rapport aux autres et par rapport au Soleil.

Dans certains cas, il n'y a pas, dans le signe, d'autre planète que le Soleil. Le Soleil s'y trouve toujours puisque c'est sa présence qui détermine le signe. Mais il peut être accompagné d'autres planètes.

Lorsque le Soleil est seul dans le ciel de naissance du sujet, ce dernier ne possédera pas de caractères très marqués susceptibles de lui donner une personnalité originale. Ce sera un sujet que l'on ne pourra différencier que difficilement des natifs des autres signes. Ces cas sont relativement rares; plus fréquents sont ceux où une ou plusieurs planètes occupent le signe. Dans ce cas, le caractère du sujet aussi bien que ses particularités morphologiques seront influencés et toute sa personne portera la marque de l'état du ciel lors de sa naissance.

Les planètes qui se rencontrent le plus fréquemment dans le ciel de naissance d'un sujet sont Mercure et Vénus, parce que dans leur course à travers le ciel, ces planètes ne s'éloignent jamais beaucoup du Soleil.

Au mouvement général des planètes, s'ajoute le mouvement propre de la terre tournant sur elle-même et présentant successivement, en 24 heures, chacun des méridiens à chacun des signes du Zodiaque. Il existe donc un instant où chaque signe, à tour de rôle, apparaît (théoriquement) à l'horizon du côté de l'orient. Tant qu'il voyagera dans le ciel, ce signe influencera le sujet. S'il apparaît au bord de l'horizon, montant vers le zénith, au moment de la naissance du sujet, on dit qu'il est ascendant. On peut donc naître par exemple Taureau ascendant Bélier, Taureau ascendant Vierge si, à l'instant où l'on a pris son premier souffle, le signe du Bélier ou le signe de la Vierge apparaissait à l'horizon. C'est pour cela qu'il est très important, pour déchiffrer les indications que peuvent donner les astres à la naissance, de connaître la date et le lieu de naissance, mais aussi l'heure.

Le signe zodiacal déterminé par la naissance du sujet est dit « signe solaire », le signe zodiacal déterminé par l'heure de la naissance est dit « signe ascendant ».

En plus de ces deux informations, il est utile de savoir quelles sont les planètes qui se trouvent dans le signe solaire au moment de la naissance du sujet. Chacune des planètes dont je viens de donner la liste a une influence particulière sur les êtres. Voici ces influences.

Le Soleil. Il apporte chaleur, vie, volonté, caractère consciencieux, idéalisme, bonne moralité, et généralement une vocation bien définie.

La Lune. Elle représente la matière, la fécondité, apportant la vie animale, végétative, inconsciente, favorisant ce qui a trait à l'instinct, à l'imagination, au rêve.

Mercure favorise les échanges, les communications, les déplacements et aussi l'intelligence, le raisonnement, tout ce qui se rapporte à l'esprit.

Vénus apporte le charme; l'attraction et les liens affectifs sont ses manifestations privilégiées, ainsi que l'amour, la bonté, la sociabilité, les plaisirs et les arts.

Mars. Cette planète apporte la force impulsive, l'agressivité, la cruauté, le désir de conquête, les passions, les intérêts matériels.

Jupiter. C'est la planète de la force expansive, de l'affirmation de la personnalité, de l'épanouissement des qualités de la personne, de l'adaptabilité, la confiance en soi et le goût d'un certain profit.

Saturne. Apporte une force d'inhibition, un frein, un ralentissement, mais aussi la concentration opposée à la dispersion, le goût des abstractions, le dépouillement, le détachement des biens de ce monde et le doute.

Uranus. C'est la force d'individualisation, favorisant tout ce qui est original et personnel dans l'individu, avec une tendance au dépassement de soimême, amour de l'indépendance, révolte, recherche de l'aventure sous toutes ses formes, mais toujours personnelle, isolée.

Neptune. Le goût de la société, de la foule, l'instinct grégaire, la facilité de s'intégrer au milieu social, de s'adapter, de disparaître dans la foule et de s'y fondre.

Pluton favorise toutes les dispositions en rapport avec l'ombre, les puissances souterraines, secrètes, intérieures, agressives, mais inexpliquées, et l'instinct de destruction.

Connaître les positions respectives des planètes dans le ciel au moment de votre naissance est du ressort de l'astrologue; beaucoup de spécialistes vous l'établiront. Il est nécessaire, pour ce faire, que vous possédiez toutes les précisions sur la naissance du sujet. En effet, ces planètes influent réciproquement les unes sur les autres par leurs positions relatives dans le ciel du sujet. Ces positions constituent ce qu'on appelle les aspects planétaires; c'est encore le travail de l'astrologue de vous indiquer ces aspects. Enfin, les planètes agissent avec plus ou moins de force selon leur relation avec le signe zodiacal : elles peuvent le gouverner pleinement ou bien n'avoir qu'une influence relative, ou bien encore avoir une influence opposée à leur caractère général.

Le type humain

L'astrologue, après avoir dressé la carte du ciel de naissance du sujet, commence par des observations générales qui définissent le type auquel ce sujet peut être rattaché. C'est le premier stade de son travail.

C'est une expérience que l'amateur peut réaliser lui-même s'il connaît la date de naissance d'une personne. Il n'y a pas lieu de s'étonner, en effet, de ce que les personnes nées à la même époque de l'année aient des traits semblables, puisqu'elles entrent dans le rythme annuel des saisons au même stade et parce qu'il semble bien que ce rythme soit à la base des différences d'un signe à l'autre.

Depuis qu'on a constaté, aux temps reculés de l'invention du Zodiaque et de l'Astrologie, que les individus nés à la même époque de l'année présentaient un grand nombre de caractères en commun, on en a tiré des conclusions qui permettent de déchiffrer, sans trop entrer dans le détail, mais sans grand risque de se tromper, la psychologie, les talents, la santé ou le type de constitution physique d'une personne.

Il va de soi que ce sont des données qui sont nuancées dans chaque cas particulier par l'ascendant et par la position des planètes.

Chacun des signes du Zodiaque est en affinité avec une ou plusieurs planètes, dont il tire les caractéristiques qui marquent ses natifs. Si vous naissez dans un signe assimilé à Mars, vous aurez tendance à posséder les caractéristiques attribuées à cette planète, c'est-à-dire la violence, le goût des combats, par exemple. Voici la liste des signes du Zodiaque avec en regard la planète correspondante :

Bélier : Mars et Soleil
Taureau : Vénus et Lune
Gémeaux : Mercure
Cancer : Lune
Lion : Soleil

Vierge : Mercure
Balance : Vénus
Scorpion : Pluton et Mars
Sagittaire : Jupiter
Capricorne : Saturne et Mars
Verseau : Uranus et Neptune
Poissons : Neptune, Jupiter et Vénus

Il résulte de tout ce qui précède que l'astrologie dispose de plusieurs informations qui, appliquées et interprétées successivement, concourent à fixer d'abord un type général, une catégorie dans laquelle se range le sujet étudié. Puis, par des opérations successives, on range le sujet dans la subdivision qui correspond à son cas.

Le premier temps consiste donc à définir le portrait psychologique du sujet, et à déterminer son signe solaire de naissance puis son signe ascendant.

Dans une deuxième étape, on considère les positions respectives des planètes présentes dans le ciel de naissance. Dans cette phase, on observe en priorité les quatre planètes suivantes : Soleil, Lune, Mercure, Vénus. Ce sont les planètes dites « rapides », dont le passage dans un ciel donné a une influence intense et de courte durée. Si elles sont présentes à la naissance, leur influence marquera le psychisme du sujet plus que son destin.

Le troisième stade de l'étude astro-psychologique s'attache à préciser l'ensemble des positions des autres planètes; il s'agit là de l'établissement du thème proprement dit.

Sous le signe de Vénus. Gravure allemande, XVIe siècle.

Chapitre III

Le mythe du Taureau

Que la constellation du Taureau soit à la place où les astronomes la voient aujourd'hui ou à la place où la situaient les très antiques inventeurs du Zodiaque, elle reste attachée au mois de mai et au milieu du printemps. A mi-chemin entre le Bélier, où le Soleil franchit l'équateur céleste, et le Cancer où il atteint le maximum de sa déclinaison nord, ce signe voit se développer avec son maximum d'intensité cette force miraculeuse qui remet en marche chaque année le cycle de la végétation et de la vie.

Le printemps qui vient de naître dans le froid et l'humidité évolue activement vers une plus grande chaleur, une plus rayonnante lumière. Très vite, le printemps s'inclinera vers l'été.

Le natif du Taureau est sous l'influence de Vénus, planète de l'amour et de la beauté. Cette planète dispense une énergie entièrement différente de celle qui rayonne des autres planètes. Elle apporte une influence interne chaleureuse et impulsive.

Sous son aspect symbolique, le Taureau représente les forces procréatrices dans tous les secteurs de la nature. On le représente souvent par Aphrodite (Vénus), la tête ornée de deux petites cornes. Mais des mythologues y voient de préférence Isis avec un croissant de lune posé sur ses cheveux. Enfin, si l'on observe l'Homme-Zodiaque, figure dont chaque partie correspond à un des douze signes, le Taureau correspond aux oreilles, au cou et à la gorge. Mais toutes ces explications ne sont rien auprès de ce que nous apprend la mythologie antique du Taureau.

Le symbolisme du Taureau

Le Bélier est un signe de Feu; le Taureau est un signe de Terre. Pour ne pas se laisser troubler par ces expressions très simples, inscrivons les signes avec les éléments auxquels ils correspondent.

Signes de Feu : Bélier, Lion, Sagittaire.

Signes de Terre : Taureau, Vierge, Capricorne.

Signes d'Air : Gémeaux, Balance, Verseau.

Signes d'Eau : Cancer, Scorpion, Poissons.

Ces attributs permettent de déterminer la base du caractère des natifs, leurs goûts et les affinités entre natifs des différents signes, comme on le verra dans la troisième partie, avec les chances de bonheur des couples.

Le Bélier, signe de Feu, a fourni la première chaleur qui a fondu la glace et réveillé les germes enfouis dans la terre. Il a provoqué la germination. Le Taureau, signe de Terre, favorise la pousse des jeunes tiges et des feuillages, nourris des sucs du sol arable. Les premières fleurs paraissent. Il semble que le Taureau s'impose ici par la notion de l'abondance de la verdure et la hauteur de l'herbe dans les pâturages. Le Taureau est une créature capable de transformer l'élan de la sève en force animale. Il broute et il se construit. On a souvent dit que le Taureau exprimait la masse animale, l'épaisse musculature, la pesanteur du sabot appuyé sur l'humus tendre, la lenteur du ruminant, la stabilité de celui qui sait se dominer, la placidité végétarienne, la force physique, l'endurance, une animalité robuste et saine, le calme des forts, les réactions profondes des personnalités réfléchies avec, parfois, des orages déclenchés au réveil de l'instinct.

Il apparaît, en fait, que le germe s'enfonce solidement dans la terre et que les forces créatrices représentées par le feu du Bélier, sous le signe précédent, se concrétisent sous l'aspect de la végétation solidement plantée dans l'humus gras. Il y a abondance des formes, déversement brutal d'une grande richesse et aussi d'une grande beauté; il ne faut pas l'oublier : les natifs du signe le sentiront constamment; ils sont, en outre, très sensibles à l'art.

La représentation symbolique du signe zodiacal du Taureau est constituée par un disque surmonté d'un croissant dont les deux pointes dressées représentent les cornes du taureau. Mais d'autres voient dans le petit croissant une allusion à la Lune symbole de fécondité et dans le disque le support concret de la vie.

En tous les cas, le Taureau est un élément fixe après le Bélier qui est le Feu en mouvement, et avant les Gémeaux, qui représentent l'Air le plus mobile.

On a pu dire que le chant du Bélier était un chant d'exaltation solaire; on peut dire que celui du Taureau est un chant de plénitude lunaire. Le Taureau est féminin et lunaire. C'est un signe de fécondité. C'est aussi un signe vénusien. Il est donc sensible aux sentiments affectifs et à la beauté.

La constellation du Taureau représente le domicile nocturne de la planète Vénus. Le Taureau, c'est mai, la paix, les fêtes, les fleurs, l'enivrement des sens et le plaisir amoureux.

Ces significations mythiques, légendaires, traditionnelles, sont rassemblées dans leurs expressions verbales et descriptives pour donner la couleur générale de la personnalité des natifs du signe. Mais, avant de passer à une description plus détaillée des natifs du signe, et pour nous mettre en mesure de réaliser une interprétation plus exacte, arrêtons-nous un instant à cette notion de fixité terrienne, de renouvellement printanier. Ces dissertations ne sont pas superflues; l'interprétation d'un signe ne peut pas se présenter comme une recette à suivre mot à mot. Il faut s'imprégner de tout l'esprit et de toutes les analogies d'un ensemble traditionnel et spirituel pour se sentir à l'aise au moment de dépeindre le caractère et les possibilités d'un natif du signe. Pour cela, on ne le connaît jamais trop bien.

Si, toutefois, lecteur, vous vous sentez impatient de lire le portrait détaillé du natif du Taureau, et si c'est seulement cela qui vous attire (psychologie, chances de succès, sentiments, mariage), passez tout de suite à la Deuxième partie. Votre impatience satisfaite, prenez alors le temps de revenir à ces pages et de vous intéresser aux informations que vous y lirez sur les origines du Taureau, sa légende, sa mythologie, toutes choses qui éclaireront le commentaire de ce signe d'un jour nouveau, parfaitement intelligible, original et passionnant.

La mythologie du Taureau

Quand on dit mythologie, on pense à l'antiquité grecque. Bien que l'Antiquité ait connu d'autres taureaux mythologiques, c'est de la Grèce que nous allons d'abord parler.

L'astrologie grecque attribuait la domination sur le Taureau à Aphrodite, c'est-à-dire Vénus. D'où venait Vénus ? De l'onde. C'est la légende d'Ouranos (ou Uranus) fécondant la mer primitive en donnant par l'union de sa semence avec l'écume une fille, Uranie-Aphrodite, que nous connaissons mieux sous son nom latin Vénus.

Le Taureau apparaît dans la mythologie grecque lors d'une des multiples aventures de Zeus sur la Terre. Bien qu'il eût pour épouse Héra, Zeus descendait souvent sur la Terre pour y choisir et y aimer des nymphes. La plus célèbre de celles-ci fut Europe qui était parmi les plus belles. Un jour qu'elle se divertissait avec ses compagnes au bord de la mer, dans une prairie couverte de fleurs, Zeus l'aperçut et, pour s'en approcher, prit la forme d'un taureau, puis vint rôder autour des jeunes filles. Ce taureau était si gracieux qu'il n'effraya nullement les jeunes filles. Il avait un pelage jaune d'or et un disque argenté brillait au milieu de son front; il avait aussi de grands yeux verts et ses cornes se dressaient comme un croissant de lune. Les jeunes filles voulaient toutes caresser le bel animal. Quand Europe, à son tour, s'approcha de lui, le taureau divin s'immobilisa, fléchit les jarrets, mugit tendrement et se laissa caresser. Europe, le voyant si doux, voulut s'asseoir sur son large dos. L'animal se releva aussitôt et s'élança vers la mer.

Le taureau jupitérien portant la nymphe voyagea longtemps, et, ayant traversé la mer, arriva sur un rivage boisé et déposa la jeune fille sous un platane. Zeus reprit alors sa forme divine, se fit connaître et aima Europe. Ils dormirent sous le grand platane dont les feuilles se multiplièrent à l'infini pour les abriter. Minos, le meilleur des rois, naquit de leur union.

A la mort du roi de Crète Astérion, Minos voulut se concilier les faveurs du peuple pour être élu sur le trône de l'île. Dans ce but, il fit courir le bruit que les Dieux étaient en sa faveur et que pour leur plaire il faudrait voter pour lui. Il voulut montrer que les dieux étaient disposés à l'aider et pria Poséidon (Neptune), le dieu de la mer, de faire une éclatante démonstration, en faisant sortir de la mer un taureau. Il promit, s'il était élu, de lui sacrifier ce taureau. Poséidon céda à sa demande et fit jaillir des flots un taureau si beau qu'il fit une profonde impression sur le peuple. Minos monta sur le trône de Crète. Mais le taureau était si beau que Minos ne put se résoudre à le sacrifier et crut pouvoir le remplacer par un autre, de moindre valeur. En refusant de sacrifier la victime promise et en revenant sur l'engagement qu'il avait pris envers le dieu, Minos s'exposa à de graves désagréments. Poséidon se vengea cruellement. Il suscita dans le cœur de

L'Enlèvement d'Europe, *par Francesco di Giorgio. École siennoise, XV*^e* siècle (musée du Louvre).*

Pasiphaé, l'épouse du roi Minos, une passion folle pour le beau taureau. De son côté le taureau, surexcité par l'influence de Poséidon, s'enflamma pour Pasiphaé et, ne pouvant être satisfait, devint fou. Puis, il s'unit à la reine et de leur union naquit un être moitié homme, moitié taureau, le Minotaure.

L'affaire se répandit et fut connue de tous, en particulier du roi Eurystée, à Tirynthe, ville de l'Argolide, province située au nord du Péloponnèse. Ce roi était embarrassé de la présence d'Héraclès (Hercule) qui lui avait été envoyé par Apollon. Il désirait l'éloigner de lui, et le chargea de douze « travaux » restés célèbres : rapporter la peau du lion de Némée; tuer l'hydre de Lerne; ramener vivante la biche du mont Cérynée; détruire les oiseaux monstrueux du lac Stymphale; rapporter à Mycènes le taureau de Crête; nettoyer les écuries d'Augias; ramener à Mycènes les cavales de Diomède; s'emparer de la ceinture d'Hippolyte, la reine des Amazones; s'emparer des bœufs roux de Géryon; cueillir les pommes d'or du Jardin des Hespérides et capturer le chien Cerbère, gardien des Enfers.

Héraclès aborda dans l'île de Crête, chercha le taureau furieux et, lui faisant face, le prit par les cornes pour le forcer à plier les jarrets. Il le maîtrisa et l'enferma dans un solide filet pour l'emporter, au-delà de la mer, à Mycènes.

La Crête était débarrassée du Taureau, mais il lui restait le Minotaure. Le roi Minos, qui venait de s'assurer les services d'un grand artiste, sculpteur et architecte, nommé Dédale, confia à cet homme la tâche de construire un labyrinthe, afin d'y enfermer le monstre. C'était une prison souterraine dans laquelle l'architecte aménagea des détours, des croisements si trompeurs que celui qui s'y engageait ne pouvait plus retrouver son chemin. Au centre, on enferma le Minotaure.

Le talentueux Dédale avait déjà construit pour Minos un monstre en acier qui, en tournant autour de l'île de Crète, avait pour mission d'empêcher les étrangers d'y aborder. Lorsque, plus tard, Thésée débarquera dans l'île, le monstre d'acier le laissera traîtreusement passer, car il amenait le tribut d'Athènes et venait se jeter dans la gueule du Minotaure.

Pendant ce temps, le Taureau ramené en Argolide par Héraclès (Hercule) avait été remis en liberté par Eurysthée; il s'enfuit et arriva dans la plaine de Marathon, où il recommença ses ravages. D'autre part, Androgée, un des fils de Minos, se trouvait en visite à Athènes; on y célébrait de grandes fêtes en l'honneur de Pallas, patronne de la ville. Dans les différents jeux organisés pour ces fêtes, Androgée recueillit tous les lauriers. Par jalousie, le roi d'Athènes l'envoya combattre le taureau qui dévastait la plaine. Le fils de Minos fut tué dans cette lutte inégale. Minos, pour venger son fils, arma une flotte et vint assiéger la ville de Pallas; le siège fut si long et si dur pour Athènes que les habitants demandèrent conseil à l'oracle. Il leur fut répondu que Minos lèverait le siège si Athènes lui accordait, en expiation de la mort de son fils, l'indemnité qu'il demanderait. Minos, sollicité, demanda que, chaque année, pendant neuf ans, sept jeunes garçons et sept jeunes filles soient envoyés en Crète pour servir de pâture au Minotaure. Le monstre à corps humain et à tête de Taureau ne se nourrissait que de chair humaine fraîche et on lui jetait habituellement les criminels.

Minos reçut satisfaction. Mais le roi d'Athènes, Aegée, avait un fils, Thésée, absent de la ville lors du siège, qui revint bientôt. Apprenant l'existence de Minos, il obtint de se joindre aux enfants envoyés en Crète pour tenter de tuer le Minotaure.

Thésée était un très beau jeune homme d'une force peu commune et d'un physique élégant, avec de beaux cheveux blonds. Il fit une profonde impression sur la fille de Minos et de Pasiphaé : Ariane.

Ariane était la demi-sœur du Minotaure et elle put apprendre à Thésée comment s'en approcher et comment le vaincre; elle lui remit ensuite un écheveau dont le fil, en se déroulant, devait permettre à Thésée de retrouver son chemin dans le labyrinthe.

Ainsi, grâce au « fil d'Ariane », Thésée put tuer le Minotaure. Minos, qui pensait que Thésée périrait dans l'entreprise, était furieux. Ariane était en danger; aussi Thésée l'enleva-t-il afin qu'elle ne soit pas victime de la colère de son père.

Il l'embarqua sur son bateau et, en route, parce qu'elle était malade en mer, la déposa dans l'île de Naxos. Dionysos, qui revenait des Indes, passait par là; il la vit, il l'aima et il l'épousa. Aphrodite lui offrit en cadeau à cette occasion une couronne qui se trouve maintenant dans le ciel, où elle forme une constellation appelée simplement La Couronne.

Minos reporta toute sa fureur sur Dédale, car cet artiste avait fourni le fil magique à Ariane. Il le punit en l'enfermant dans le labyrinthe avec son fils Icare. Démuni de son fil magique, Dédale cherchait un moyen de sortir; il le trouva : il fabriqua deux paires d'ailes, une pour lui, une pour Icare. Chacun fixa ses ailes avec de la cire et ils s'envolèrent par-dessus les murs du Labyrinthe. Icare, qui était jeune et présomptueux, ne sut pas contrôler son ambition et monta trop près du soleil; la cire retenant les ailes fondit et le garçon fut précipité dans la mer.

L'interprétation des récits mythologiques

La mythologie des Grecs n'était pas une forme de religion, mais la présentation imagée d'un savoir universel contenant une profonde philosophie de la vie.

Lorsque Minos, à la mort du roi Astérion, veut se concilier les faveurs du peuple pour être élu roi, on peut considérer qu'il fait un choix comme nous sommes tous appelés à le faire à un moment de notre vie : sacrifier son idéalisme au profit de son succès matériel ou renoncer aux biens de ce monde. Il rejette alors tout idéal pour se limiter à des buts matériels. Devant une telle alternative, il eût pu opter pour l'idéalisme. Il ne l'a pas fait; cette option pour la réussite uniquement matérielle provoque en définitive la naissance du Minotaure. Si l'on rejette tout idéalisme, il faut être prêt à assumer tous les risques et à conserver quoi qu'il arrive l'attitude adoptée. De cette situation peut naître l'angoisse. Cette angoisse est intérieure, secrète, inexprimable, car il est des choix que l'on refuse de s'avouer. Cette attitude secrète isole des autres celui qui doit l'adopter. L'isolement est symbolisé par une île; cet isolement qui est voulu, impérieusement maintenu, est représenté ici par l'interdiction faite aux étrangers d'aborder dans l'île, l'île de Crète défendue par le monstre d'acier. Le natif du Taureau se verra un jour confronté à un tel choix et il réagira probablement comme Minos.

Lorsque la légende fait intervenir Icare, c'est pour nous faire remarquer la démesure et ses conséquences; chacun doit connaître ses propres limites; le Taureau doit prêter attention à sa tendance à les dépasser. Icare est demeuré fixé dans la constellation d'Orion que le Soleil efface par sa présence au début du mois de mai (dans le signe du Taureau) comme il a fondu la cire des ailes du jeune Icare.

On trouve dans la légende du Minotaure une représentation figurée des rythmes de la nature et du principe selon lequel l'homme doit se tenir dans un juste équilibre entre l'esprit et la matière et non se livrer intégralement à l'un ou à l'autre, sous peine d'en souffrir, comme Minos eut à souffrir d'avoir sacrifié l'idéal au profit matériel.

Les natifs du signe se souviendront du destin de Minos qui, dès avant sa naissance, était sous l'emprise du Taureau. Il arrive trop souvent aux natifs du Taureau de perdre de belles occasions pour n'avoir pas su renoncer à un choix trop matérialiste, et, ensuite, pour avoir refusé de reconnaître qu'ils s'étaient trompés. Pas plus que Minos, ils ne veulent se tourner vers la voie spirituelle, celle qui, en les dégageant de certains intérêts matériels, leur laisserait voir aussitôt où se trouve la vérité. Comme Minos, le natif du Taureau aura toujours une forte inclination pour le réalisme concret.

Il faut également noter la présence de Dionysos dans la mythologie du Taureau.

Dionysos est le dieu de la jouissance concrète et sensorielle. Il se présente souvent sous la forme d'un Taureau oscillant contradictoirement entre les biens terrestres et les célestes jouissances. Il symbolise cette nécessité où nous sommes tous de n'être jamais exclusifs : ni ange, ni bête.

Nous pensons souvent qu'une attirance certaine nous entraîne vers une pure spiritualité. Si nous tentons l'essai, nous sommes obligés de consentir des sacrifices de plus en plus importants et tels qu'ils entraînent bientôt dans une voie que nous n'avions choisie que pour nous-mêmes, ceux qui nous entourent et qui, pourtant, étaient parfaitement libres de faire le choix opposé.

Le résultat ne se fait pas attendre et si nous ne réalisons pas la rupture totale avec la famille et avec le milieu social, nous retombons dans nos préoccupations matérielles et n'aurons peut-être plus la force de recommencer l'expérience.

Si nous savons à l'avance que nos ailes de prétendus anges ne tiennent que par la fragile et fusible cire des abeilles, comme celles d'Icare, nous ferons très attention de ne pas voler trop haut et de redescendre assez vite. On peut être pur sans en être obsédé et la vertu réside souvent, dit-on, dans le juste milieu.

Chapitre IV
Le Taureau et son explication astrologique

Au début de ce chapitre, rappelons que chaque signe zodiacal est une portion d'un cercle divisé en douze parties égales, division purement théorique et dont les zones limitrophes ne constituent pas des sections fermes et précises dans la réalité comme sur un schéma : les natifs des premier et troisième décans de chaque signe sont influencés par les signes voisins; ceux du premier décan par le signe précédent; ceux du troisième décan par le signe suivant.

Considérons maintenant votre signe zodiacal, Taureau, dans sa situation au sein du Zodiaque. Chaque signe n'a de valeur propre que par rapport à l'ensemble de tous les signes. Pour en mieux exprimer la pleine signification, examinons aussi le signe qui lui est directement opposé, se trouvant juste en face, de l'autre côté du cercle zodiacal, c'est-à-dire le Scorpion.

Du Scorpion au Taureau

Le Bélier est un signe masculin, le Taureau, signe suivant, est féminin.

L'opposition Taureau-Scorpion se présente comme un axe qui peut nous permettre de mettre en évidence ce qui caractérise le Taureau. Regardez un disque portant les douze divisions égales des douze signes du Zodiaque : observez-en la disposition afin de vous bien situer au sein de l'ensemble. Vous êtes après le Bélier, avant les Gémeaux, et en face du Scorpion.

Alors que pendant les trente jours consacrés au Bélier, la germination se mettait en train, la végétation

---

Bacchante. Bas-relief, Grèce, époque classique (musée des Offices, Florence).

s'activait à ranimer en elle la vitalité printanière, la lumière devenait de plus en plus vive, la chaleur allait en augmentant, le rythme immuable et fatal des saisons poursuit ce mouvement pendant les trente jours du Taureau. Il n'y a ni secousse, ni arrêt. La vie, de plus en plus, s'affirme; elle s'est réveillée sous le signe du Bélier, elle se développe sous celui du Taureau; elle prend forme, elle devient réalité après avoir été potentialité. Les caprices et les bondissements du Bélier cèdent la place à un mouvement d'ensemble moins brusque, mais tout aussi puissant; les effets en sont moins surprenants mais beaucoup plus apparents; après l'effort violent, vient le labeur puissant. L'initiateur était un Bélier léger, versatile, vif et simple. Le Taureau est un continuateur. Il n'a pas eu l'initiative, mais il parfait l'œuvre. Signe de feu et symbole de lumière, le Bélier a montré la voie. Signe de Terre et de prolifération, le Taureau accomplit la tâche.

Pendant la période placée sous le signe du Taureau, entre le 21 avril et le 20 mai, la nature se couvre de végétation. Symétriquement, sur l'autre moitié du Zodiaque, pendant le cycle du Scorpion, ces feuilles qui poussent ici, au contraire tomberont. Ce sera le même mouvement, mais inversé.

A ce propos, rappelons que le Zodiaque est une invention antique de l'hémisphère boréal et que les saisons dans l'hémisphère austral sont inversées. L'équateur est une ligne idéale et théorique partageant le globe terrestre en deux moitiés; mais elle est aussi un fait très réel dont les conséquences sont de la plus grande importance.

Sous le signe du Taureau, après l'extériorisation du Bélier, il y a arrêt pour méditer, concentration, rumination. L'acte ne s'arrête pas, mais avec son rythme fixé, il permet une révision des valeurs et des situations afin de mener l'œuvre à bonne fin.

L'Homme-Zodiaque

Parmi les nombreuses représentations de l'homme que la symbolique traditionnelle nous a laissées, il en est une qui le présente assorti des signes du Zodiaque, dont chacun correspond à une partie du corps. Le Bélier correspond à la tête, avec le cerveau, les oreilles, les yeux, le nez. Le Taureau, c'est le cou, à partir de la bouche, avec la gorge et les organes de la voix. Des observations de cet ordre conduisent à une compréhension totale et profonde qui, seule, peut aboutir à la nécessaire exactitude. Le natif d'un signe déterminé ne se trouve pas stéréotypé automatiquement; il est fait de nombreux éléments et c'est ce dosage personnel à chaque individu qui crée une unité dans la variété.

Si le Taureau correspond au cou et surtout à toutes les fonctions du cou, le Scorpion, à son opposé, correspond à l'anus et au sexe.

Le Taureau attire et capte, prend et assimile, recueille et s'approprie : c'est une action centripète. Ce qui est autour vient se rassembler en lui.

A son opposé, le Scorpion expulse et rejette, défait et excrète, liquide et restitue, expurge et résout; car il n'y a pas de construction qui ne soit suivie de destruction; ou qui n'en soit précédée, car le cercle est fermé. Sur ce qui est détruit, on rebâtira. Ce que l'on édifie sert, s'use et se termine. Il n'y a pas d'élaboration sans élimination ni de combustion sans scories.

Le Taureau est un possessif. Il prend, il accapare, il acquiert, il possède. Le Scorpion laisse, abandonne, donne ou détruit.

On voit le Taureau recueillir, attirer, absorber et assimiler. On peut aussi bien le considérer sur un autre plan. Il est avide non seulement des nourritures proprement dites (on verra qu'il est généralement gastronome) mais aussi des autres possessions et notamment des biens matériels : un Taureau sans propriété immobilière reste un Taureau insatisfait.

L'argent est aussi pour lui un but, parce qu'il permet d'acquérir des biens.

Sur le plan sexuel, le Taureau représente la captation de l'amour. Il est l'amour qui appelle à lui, qui réclame et qui exige; il est l'amour jaloux qui énonce des prérogatives et qui prend plus qu'il ne donne. En ce sens, il est féminin.

A l'opposé du Taureau, de l'autre côté du Zodiaque, le Scorpion agit en sens inverse. La sexualité du Scorpion provoque un amour qui donne, l'amour génital, l'amour qui se sacrifie, qui libère, mais surtout qui enfante.

Il faut que le Taureau soit conscient de cette tendance qui est en lui afin d'en tenir compte au cours de sa vie et lors de chacun de ses choix. Son instinct ne sera pas toujours bon à suivre. Il veut vivre et refuse de mourir; il veut prendre et refuse de donner; il veut acquérir et refuse de restituer. Attitude imposée par la nécessité du renouveau de la vie sur la terre, de son développement; mais qui peut devenir un obstacle au bonheur chez le natif du signe.

Les éléments

Au sein des quatre éléments, c'est avec la Terre que le Taureau s'unit. Le Bélier, c'est le Feu; les Gémeaux, c'est l'Air; le Cancer, c'est l'Eau. Le Bélier a bien du Feu la vivacité imprévue et diverse. Le Taureau est un affermissement de ce qui a été créé par le Bélier. La chaleur avait réveillé les germes; les premières racines s'enfoncent solidement dans le sol et le Taureau est psychiquement solidement fixé à la Terre qui non seulement le porte, mais qui le nourrit. Le Taureau est un signe de Terre fixe; on l'oppose en triangle d'une part au Capricorne, dont un angle de 120 degrés le sépare sur le cercle zodiacal, d'autre part à la Vierge, séparée, elle aussi de 120 degrés du

Taureau. Dans ce ternaire, le Capricorne représente le tenant, et la Vierge représente l'aboutissant. Le Taureau est au sommet du triangle formé par les trois signes de Terre.

Le Capricorne est aussi un signe de Terre, mais il se développe au cours des mois de décembre et de janvier, c'est-à-dire qu'il symbolise la Terre qui reçoit la graine et qui la garde en attendant que vienne le temps de la germination. Sous le signe du Taureau, la Terre a été fécondée (Bélier) et la germination peut développer son miracle annuel. Sous le signe de la Vierge, aux mois d'août et de septembre, la végétation est assouvie, la plénitude est atteinte et la graine retombe sur le sol. Il y a là une notion d'achèvement, mais en même temps de purification de la Terre, dans le signe de la Vierge.

Le Taureau appartient avec le Lion, le Scorpion et le Verseau, à une série de signes du Zodiaque dits fixes. La disposition de ces signes sur le Zodiaque forme une croix qui symbolise l'ordre du monde.

L'Astrologie du Taureau

Le Taureau est placé sous l'influence de la Lune et sous celle de Vénus.

Lorsque, à la naissance du sujet, ces deux planètes se trouvent dans son ciel, cette circonstance apporte une très visible accentuation des caractères propres à ce signe.

Le Taureau étant le deuxième signe du Zodiaque, il est en étroite relation avec la Maison II.

L'existence de la notion de Maisons, en Astrologie, facilite l'expression de nuances qui exigeraient à chaque fois de longs discours. Voyons quelles sont ces Maisons et ce qu'elles signifient.

On a divisé les différents éléments constituant le destin de chaque indivudu en douze parties et à chacune on a donné le nom de Maison, suivi d'un numéro, tracé en chiffres romains.

Maison I : Le moi en général, la prise de conscience du sujet, son corps et son hérédité.

Maison II : Les biens matériels et les gains. L'attitude du sujet envers ces biens.

Maison III : Les rapports avec les personnes de l'entourage immédiat : frères, sœurs, voisins; études, communications.

Maison IV : Rapports avec les père et mère; vie privée, foyer.

Maison V : Plaisirs, jeux, amour, procréation.

Maison VI : Les servitudes diverses, le gagne-pain. La santé, le régime; les subalternes.

Maison VII : Réactions vis-à-vis des tiers.

Maison VIII : La mort, ce qu'elle apporte, les héritages. Transformation de la personnalité. Crises. Erotisme.

Maison IX : Ce qui est loin : l'idéal, la métaphysique, mais aussi les pays et les longs voyages.

Maison X : Place du sujet dans la société, situation, carrière.

Maison XI : Les relations avec les personnes importantes, les grands projets.

Maison XII : L'occulte, l'isolement, la vie secrète, et les maladies chroniques.

Etant donné le rôle des planètes, et l'influence de chacune sur le natif du signe, il est du plus grand intérêt de faire établir par une personne capable, un astrologue, cette carte au moment de la naissance, en donnant la date, le lieu et l'heure de cette naissance. Dans le ciel reconstitué sur le papier, on étudie alors la présence des planètes et leurs positions réciproques.

Je ne peux que donner des indications générales concernant l'influence particulière de chaque planète sur le natif du Taureau. J'ai déjà donné la liste des planètes; quelle est leur influence sur le natif du signe ? Puissante mais brève pour les planètes rapides, elle est plus douce, mais dure plus longtemps, pour les planètes lentes. D'autre part, certaines planètes influent beaucoup, d'autres peu sur le natif du signe en raison d'un lien de sympathie ou d'antipathie entre cette planète et ce signe. L'astrologie emploie certains termes techniques : domicile, exaltation, exil, chute. Le domicile indique que ce signe et cette planète sont étroitement liés et que la planète gouverne le signe; exaltation : la planète accentue les caractères du signe, il y a sympathie entre eux; exil : la planète n'exerce aucune emprise sur le signe; chute : la planète a sur le signe une influence inversée, elle apporte l'opposé de ce que l'on attend d'elle.

A ces particularités, s'ajoute l'influence réciproque des planètes les unes sur les autres; ce que l'astrologue traduit par le mot « aspect ». Bien « aspectée », une planète voit son ascendant favorisé par la présence, dans une certaine position, d'une autre planète, etc.

Voici comment on peut définir l'influence générale des planètes sur les natifs du signe du Taureau.

Le Soleil. Le Soleil effectue le tour du Zodiaque en un an. C'est au cours de la première année de vie du natif qu'il se manifestera en lui donnant les caractéristiques typiques du signe.

La Lune. Pas plus que le Soleil, la Lune n'est une planète, mais comme lui un Luminaire. Cependant, très rapprochée de la Terre, elle a autant d'influence qu'une planète importante. Dans le Taureau, la Lune est en exaltation; c'est dire qu'elle a une grande emprise sur les natifs du signe si elle se trouve bien placée dans leur ciel de naissance. Pour le signe du Taureau, la Lune souligne le côté féminin, stable, influençable et génésique. Elle provoque l'accroissement des valeurs maternelles.

Elle accentue le sens de créativité; il y a donc chez le natif une belle imagination créatrice, une intéressante fécondité intellectuelle ou artistique. La Lune accentue également la productivité dans quelque ordre que ce soit. Cela se traduit dans la vie courante par une grande activité de la part du natif du signe, activité toujours productive; il n'éprouvera pas le sentiment lassant de travailler pour rien, de remuer du vent, ni d'entreprendre des tâches qui soient sans fin comme s'il devait remplir le tonneau des Danaïdes.

La Lune apporte aussi l'amour de la campagne, l'attachement à la terre nourricière. Le caractère du natif est simple et bon.

Il fait preuve d'une grande simplicité d'esprit en ce sens qu'il ne recherche pas de motivations compliquées à ses tendances ni à ses actes, ni, d'ailleurs à ceux des autres. Pour lui, les choses sont ainsi, tout naturellement, et l'idée ne lui viendrait pas de les discuter.

Chez les femmes la présence de la Lune dans le ciel de naissance accentue tous les traits typiquement féminins.

Mercure. Cette planète est considérée comme rapide parce qu'elle effectue le parcours de tout le Zodiaque en un an environ. Mais, pour les natifs du Taureau, elle est peu influente. Lorsqu'elle agit, elle active les dispositions intellectuelles du natif. Ce dernier tend alors à une meilleure utilisation possible de son intelligence. A ce propos, on ne dira jamais trop que, dans les conditions astrologiques, il n'en est point qui accorde une intelligence plus ou moins grande; les différences sont dans l'orientation de l'intelligence, non dans son intensité, laquelle varie selon d'autres facteurs. Ce qui varie, avec le signe zodiacal, c'est l'usage que le natif sera tenté de faire de son esprit.

Vénus. La planète Vénus parcourt les douze signes du Zodiaque en deux cent vingt-cinq jours. Elle ne reste donc que peu de temps dans chaque signe. Mais dans le signe du Taureau, elle est toute-puissante, car elle le favorise beaucoup; on dit qu'elle y a son domicile. Elle est responsable du caractère des natifs du signe.

Vénus est essentiellement orientée vers les jouissances terrestres et concrètes. Sa présence dans le ciel du natif du signe développe chez l'individu une note de volupté.

Cette planète favorise l'épanouissement d'un caractère sociable, affectueux, paisible, aimant. Pour que le sujet soit heureux, se sente bien, tout, autour de lui, doit être équilibré, serein, bienveillant et beau.

Sur le plan de l'amour, tout le monde sait que Vénus en est la déesse et que la planète qui a mérité ce nom ne peut que le favoriser. Le sujet est un grand amoureux.

Mars. La révolution de Mars dure deux ans. Cette planète reste donc plus longtemps que les précédentes dans le signe; son influence en est accrue. Mais cette emprise, ici, n'est pas importante, car Mars est dit en exil dans le Taureau, ce qui signifie qu'il influe peu sur les natifs de ce signe. Etre en exil dans le Taureau implique que la planète est favorable au signe diamétralement opposé, c'est-à-dire qu'elle a son domicile dans le Scorpion. Mars, par ailleurs, gouverne également le Bélier. Lorsque Mars se trouve dans le ciel de naissance d'un Taureau, l'influence est mauvaise; le sujet fera montre d'un caractère emporté, il aura des colères à caractère animal, comme de brusques accès de folie, où il ne se rendra pas compte de ce qu'il fait. S'il vit habituellement dans un climat d'excitation, ce sera très mauvais pour lui; une ambiance de sérénité contrebalancerait parfaitement cette influence de Mars.

La présence de Mars, selon les autres circonstances influant sur le sujet, peut déclencher des passions exacerbées. Dans la vie intime, il peut y avoir des moments d'une violence spectaculaire.

Jupiter. C'est une planète lente; elle met onze ans et trois cent treize jours pour parcourir le Zodiaque; c'est dire qu'elle reste près d'un an dans chaque signe. Toutefois, elle n'a pas beaucoup d'influence sur le

Taureau. Dans la mesure où elle agit, elle peut apporter un épanouissement, une expansion, une force ascendante capable de favoriser la carrière du sujet. Soulignant certains traits du caractère, Jupiter accentue chez le natif du Taureau la vitalité, l'appétit de jouissance, la gourmandise, la sexualité, et aussi l'amour de la terre, des biens immobiliers; Jupiter incline le Taureau vers les questions matérielles, les intérêts financiers, les activités susceptibles de procurer des biens.

Cette action peut, selon les autres circonstances entourant le natif, se transposer sur un plan plus élevé et, par exemple, donner une ampleur caractéristique aux aspirations sensuelles. Cette exaltation peut encore se traduire par des dons artistiques.

Saturne. Il faut à Saturne vingt-neuf ans et cent cinquante-cinq jours pour parcourir tous les signes du Zodiaque.

Saturne est la planète dite des inhibitions, mais cela peut conduire simplement à la réflexion, à la patience, à l'attente du mûrissement de l'idée. Tout dépend des autres circonstances. Elle est aussi la planète de la concentration, du dépouillement. Tout cela est loin de s'harmoniser avec la personnalité du natif du Taureau.

L'influence de Saturne sur les natifs du Taureau se traduit aussi par le caractère lent et continu de l'effort, la persévérance, la tranquillité, la ténacité, une forme passive de la force et de la puissance, une tendance à songer perpétuellement au même problème, à le « ruminer », et, dans les cas extrêmes, excessifs, une attitude mentale figée pouvant aboutir à l'idée fixe.

Uranus. Il lui faut quatre-vingt-trois ans et deux cent soixante-treize jours pour parcourir les douze signes du Zodiaque. C'est-à-dire plus de cinq ans pour sortir d'un signe. Son influence est longue et peut se faire sentir en profondeur. Cette planète exalte l'individualisme; elle inspire des goûts d'indépendance, d'aventure. Dans le signe du Taureau, elle exalte l'entêtement de ce signe, le pousse vers l'obstination et l'idée fixe : c'est une influence un peu négative, mais la planète n'est pas ici très puissante.

Lorsque les circonstances favorisent une influence bénéfique, Uranus conduit à une insistance dans l'effort tendant perpétuellement vers une réalisation véritable, et y parvenant la plupart du temps.

Neptune. C'est une planète lente; elle met cent soixante-trois ans et deux cent cinquante-trois jours à parcourir les douze signes du Zodiaque.

C'est dire qu'elle reste longtemps dans chaque signe.

Neptune tend à favoriser les arts lyriques; dans le signe du Taureau, dont le natif a généralement une belle voix, cela peut aboutir à une très belle carrière théâtrale. D'autre part, Neptune favorise l'intégration dans la collectivité, l'adaptabilité aux conditions de vie.

Cette planète enflamme le sens mystique; elle dirige, dans l'individu, les éléments les plus secrets de la personnalité; c'est un peu une planète du mystère et de l'occulte et, selon les circonstances qui entourent chaque cas, ce trait peut devenir prépondérant ou rester simplement une nuance.

Le versant maléfique de cette planète peut conduire à un caractère faux et dissimulé.

Pluton. Il faut deux cent cinquante ans à Pluton pour faire le tour complet du cercle zodiacal; c'est une des planètes les plus lentes et, en raison de ce caractère, il est difficile de déceler son influence sur le natif d'un signe ou d'un autre.

Elle est ici en exil, c'est dire que son rôle importe peu. Planète tendant à l'agression, au sadisme, même, selon certains auteurs, elle est très opposée aux traits habituels des natifs du signe du Taureau; on peut donc la négliger dans la formation de la personnalité.

Masque de Nô, théâtre traditionnel japonais.

Pour bénéficier de l'Astrologie

Il serait regrettable de donner une importance primordiale au seul fait de naître sous tel ou tel signe du Zodiaque; cette importance est réelle, mais elle ne marque que les dispositions de la personne, elles ne l'empêchent jamais de choisir son destin. Il est évident que, malgré lui, le natif, en s'insérant obligatoirement dans l'harmonie universelle, suit les grandes lignes imposées par ce rythme qui fait que les saisons se succèdent et que la nature, périodiquement, se renouvelle. Ce qu'il faut savoir avant tout, c'est que les astres indiquent une voie possible, alertent, avertissent, encouragent, mais n'ordonnent pas et que, pour l'être volontaire, le destin est malléable. Rien n'est inscrit à l'avance sur un Grand-Livre, tout reste libre et vous pouvez toujours faire votre choix. Il se passe simplement que, selon votre signe de naissance et votre ascendant, les différentes planètes, par leur position non seulement à votre naissance, mais à certaines dates cruciales de votre vie, tendent à vous entraîner dans un sens déterminé; cédez-vous ? la pente vous paraît une route facile. Résistez-vous ? vous aurez à faire des efforts. Pour que vous vous sentiez en période de chance, il faut que la poussée ou la pente que vous percevez confusément vous soit précisée et qu'elle aille justement dans le sens que vous aviez le désir de choisir. Voilà en quoi l'Astrologie peut vous rendre de très grands, d'inappréciables services.

Par ailleurs, l'Astrologie vous apporte les éléments de votre portrait et vous aide à vous connaître. Des problèmes psychiques se trouvent ainsi en bonne voie d'être résolus.

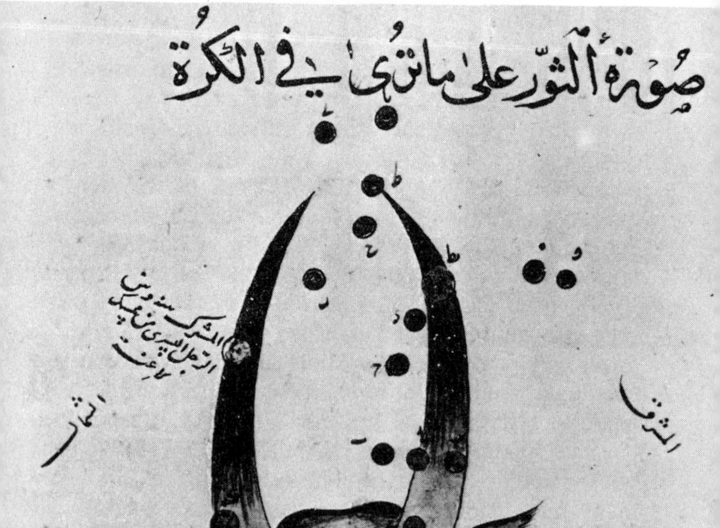

Catalogue des étoiles, *de Abd al-Rahman al-Sufi.*
Manuscrit arabe du XVe siècle.

Deuxième partie

Chapitre I

Portrait des natifs du Taureau

« On ne pouvait se lasser
de regarder leur bouche et leurs yeux
que rien ne déséquilibrait. »
JEAN GIONO.

Le Taureau est le deuxième signe du Zodiaque. Le premier signe, le Bélier, possède un caractère essentiellement masculin. Le Taureau est un signe féminin. Cela ne veut pas dire que les hommes natifs de ce signe sont efféminés, loin de là ! L'unité mâle et virile de la flamme première (le Bélier) de la création se divise en deux comme la graine se scinde dans l'ombre de la terre en ses deux cotylédons, pour laisser passer le germe. Le caractère du Bélier est primaire, celui du Taureau est secondaire.

Le Bélier est celui qui réagit instantanément avec une spontanéité parfaite aux sensations et aux sollicitations venues de l'extérieur; le Taureau reçoit ces impressions et ces sollicitations et les « rumine » avant de se mouvoir. Cela ne nuit ni à sa force ni à ses qualités intellectuelles : c'est simplement une autre façon d'être, un autre style.

Le Taureau de la légende

Dans l'histoire, dans la légende, dans la mythologie, le Taureau occupe une place très importante. Il y a le Taureau d'Hermontis qui donna fictivement à Trajan tous les royaumes de la Terre et lui promit d'étendre jusqu'au ciel les frontières de son empire.

Richard Wagner.

Le Taureau a toujours fait partie des grands défilés qui traversaient Rome en hommage aux généraux vainqueurs. Ce même glorieux taureau était frappé sur les monnaies de l'empereur Auguste.

Le Taureau circule ainsi dans les traditions comme un symbole de chance, de bonheur, de joie, de prospérité, de paix.

Le Dr Hélin, dans un ouvrage qu'il a consacré à la sexualité et l'astrologie, constate qu'un grand nombre d'homosexuels sont nés sous le signe du Taureau. Ce n'est pas invraisemblable, ce signe contenant une dualité. En effet, sous des apparences typiquement mâles, le Taureau est en liaison directe avec la Lune, et il est gouverné par la planète Vénus. La Lune et Vénus restent deux influences féminines. La Lune, c'est le rêve, le caprice, la maison familiale, le foyer; Vénus, c'est la beauté, la douceur, l'amour. Le Taureau est un mâle à l'égal du Bélier et de l'étalon. Il y a donc là une rencontre contradictoire et rien ne s'oppose à ce que l'on en déduise que les garçons nés sous ce signe sont plus que d'autres troublés à l'âge de la puberté par la nécessité d'un choix alors qu'ils devraient connaître d'instinct leur direction propre.

Charme, délicatesse et jalousie

Natif et native du signe zodiacal du Taureau possèdent dans tous les cas un grand charme personnel.

Le charme est un élément de la personnalité qui se distingue de la beauté avec laquelle il a peu de rapports. Les signes du Zodiaque ne sont pas plus dispensateurs de beauté qu'ils ne le sont d'intelligence; ils répartissent d'autres éléments. Ce n'est pas un problème de quantité, c'est un degré qualitatif. Le charme personnel des natifs du Taureau est indéniable. Sous certaines influences secondaires, il peut y avoir trop de grâce allant juqu'à la noblesse, trop d'élégance allant jusqu'à l'afféterie. Cela peut également provenir d'une certaine paresse physique.

Par instinct, le Taureau aime les lignes souples, les formes arrondies, les silhouettes potelées, la chair confortable, ferme et fraîche.

Les natifs (nous sous-entendons toujours dans ce pluriel les natives) du Taureau ont beaucoup de sensibilité et apprécient les plaisirs de la chair; cela, pourtant, reste exprimé dans un style direct, radicalement éloigné de toute perversion compliquée. Nous ne rangeons pas dans ces perversions l'homosexualité car elle est involontaire. Chez l'homme de ce signe, la chair féminine constitue en toute simplicité un avant-goût du paradis, tandis que chez les femmes, on décèle une passion spontanée pour les hommes de belle stature, de physique avantageux et de lèvres gourmandes.

Le Taureau a la réputation d'un égoïste. L'est-il réellement ? En fait, on peut seulement affirmer que lorsqu'il désire quelque chose, il fait tout pour l'obtenir. Lorsqu'il se fixe un but, il se bat jusqu'au bout pour y parvenir. Ce n'est donc pas un égoïsme sec, féroce et forcené; il éprouve simplement le sentiment qu'il est absolument nécessaire d'aller au terme de sa tentative, de ne pas reculer devant les difficultés, de quelque ordre qu'elles soient, de ne pas renoncer devant les obstacles.

Les femmes de ce signe sont des amoureuses-nées. Elles sont en mesure de donner les plus grandes joies à leur amant. Si ce dernier est natif de ce même signe, il sera très amateur des dons qu'on lui offre et des perspectives qui s'ouvrent devant lui. Deux Taureaux peuvent réellement se donner l'un à l'autre tout le bonheur du monde. Ils n'ont besoin que de leur propre compagnie pour éprouver des sensations inoubliables. Leurs charmes se complètent et s'additionnent.

Mais ce tableau de lumière n'est pas sans ombre :

le natif du signe est jaloux. Les Taureaux, hommes et femmes, sont presque toujours à la fois jaloux et coléreux. Cela peut donner des mélodrames affreux ou simplement de bonnes querelles de ménage retentissantes, au sortir desquelles on se livre à des séances de réconciliation qui sont capables de souder définitivement une union si besoin était.

A travers ces orages et ces passions, les natifs du Taureau respectent les règles de la morale en vigueur; mais, au fond de leur âme, peut-être n'y tiennent-ils pas et ne le font-ils que pour éviter les complications, car ce ne sont ni des purs, ni des idéalistes.

Un épicurien

La mentalité des natifs du Taureau n'est pas simple. Ce ne sont pas de ces êtres tout d'une pièce que l'on déchiffre d'un regard. On commence déjà à s'écarter de la simplicité du Bélier.

On peut dire que, dans les profondeurs de l'âme d'un natif du Taureau, s'entremêlent des instincts et des tendances obscures qui jamais n'apparaissent au grand jour. Cela se masque très bien sous un grand respect des marques extérieures de la morale et des bons usages. Il arrive même que l'on rencontre des natives de ce signe qui, avec l'âge, exagèrent cet amour des apparences morales et deviennent confites en dévotion et en bonne moralité, plus superficielle que sincère, car les sentiments tortueux ne les gênent pas.

Ce trait de caractère illustré par les « bigotes » agenouillées pendant de longues heures dans d'obscures églises est, en fait, une réaction psychique au refoulement de la vitalité sexuelle, à la sublimation d'une sensualité que le sujet n'ignore pas, mais que, sous les regards indiscrets de la « bonne société », il a dû repousser avec une certaine frayeur.

Il faut cependant considérer que Vénus déploie une grande activité dans ce signe. L'influence de cette planète apporte au personnage, homme ou femme, un goût délicat qui est inné, le sens de l'élégance, l'amour du confort, le désir de réunir autour de soi les éléments d'un foyer réellement apaisant, heureux, facile, agréable, avec de la beauté, de la chaleur, une bonne nourriture, de bons livres, de la belle musique, toutes choses qui font la vie douce et plaisante.

Le Taureau type apprécie parfaitement la bonne chère, arrosée d'un vin exquis, un alcool précieux et vieilli, un excellent tabac.

La psychologie secondaire du Taureau

On accorde au signe zodiacal du Taureau deux caractères qui le stigmatisent et expliquent son action sur ses natifs. D'abord, le fait d'être un signe de Terre. Il s'agit de l'élément le plus dense des quatre qui sont : le Feu, la Terre, l'Air et l'Eau. Le Taureau dépend de l'élément le plus consistant. C'est aussi le plus solide et le plus stable.

D'autre part, il est un signe fixe.

Ces diverses indications se retrouvent dans la personnalité du natif. Le Taureau est un signe cristallisant, qui condense les énergies printanières et pousse vers leur réalisation toutes choses en formation. C'est un signe du début du cycle solaire, mais qui ne se charge pas de la mise en train : il se charge de l'accomplissement des premières transformations. La mise en train est réalisée par le Bélier, dispensateur de la chaleur.

Dans le même mouvement, le Taureau ne peut pas être un caractère primaire; il est un continuateur, et non un novateur. Le natif du signe a un caractère plus réfléchi que spontané. Chez lui, les impressions et les informations perçues par les sens s'inscrivent lentement, pénètrent dans les replis de la mémoire et s'y gravent profondément; elles n'influent sur le psychisme qu'après avoir été analysées. L'impression ne suscite jamais de mouvement brusque : il y a un temps d'arrêt, une réflexion, puis le passage raisonnable et prudent à la réaction psychique. On est à l'opposé des actions et réactions instantanées du Bélier qui est un caractère primaire; le Taureau est un secondaire.

Du caractère secondaire découlent certaines qualités : la plus apparente est la mémoire. Le Taureau n'oublie pas. Enfant, il n'apprenait pas particulièrement vite à l'école, mais, adolescent et adulte, il retrouve facilement tout ce qu'on lui enseignait. Sa mémoire est solide, tranquille, ordonnée et utile. De tout ce qu'il a appris, ce qu'il a aimé, ce qu'il a fait, le Taureau garde définitivement l'empreinte; c'est pardessus cette précédente empreinte que s'impose la suivante; cette dernière peut donc suggérer une action immédiate après avoir obtenu la réaction nécessaire : c'est le fait de la psychologie secondaire. Entre la perception du message et son déchiffrage s'écoule un certain temps.

Le fonctionnement ultérieur du psychisme du Taureau sera de même « secondaire ». Non seulement il n'oubliera pas l'impression reçue, mais il y pensera plusieurs fois et relativement longtemps. Parmi les impressions successives qui passent dans son esprit, les plus anciennes reviennent parfois, se raniment; le Taureau médite alors sur des faits et des informations qui n'ont plus aucune actualité. Il est lent, il revient à plusieurs reprises sur les mêmes pensées, il ne connaît pas l'acte spontané. Tel est le Taureau typique. Il est toujours bien entendu que les planètes présentes à la naissance, comme l'ascendant, comme aussi les planètes influant à des périodes déterminées sur son comportement, peuvent modifier ce type original.

L'importance du passé

L'importance donnée au passé est bien l'une des conséquences directes évidentes du caractère secondaire de la psychologie du Taureau. On peut dire que le Taureau regarde et considère ce passé plus facilement qu'il ne se tourne vers l'avenir. C'est encore un trait de caractère par lequel il se différencie du Bélier. En effet, pour le Bélier, l'instant présent est immédiatement périmé, le passé tout de suite jeté aux oubliettes.

Le natif du signe du Taureau est un être sensible, qui se laisse facilement marquer par ses émotions. Une blessure morale, un chagrin ont sur lui des effets de longue durée. Il n'oublie pas. Et quand il pense avoir oublié, son subconscient reste encore soumis à son passé.

Un caractère constitue une unité; rien de disparate ne vient en rompre la logique intérieure. Chez le Taureau, cette unité est axée sur sa tendance à revenir en arrière. La première résultante de cette tendance est la constance du Taureau dans ses affections. Le Taureau est fidèle. Il est d'abord fidèle de la façon la plus apparente : c'est la fidélité en amour. Épicurien aimant ses aises, soit; mais jamais superficiel en ce qui concerne son amour.

Il est aussi de ceux qui apprécient de retrouver les amis d'enfance; il se souvient d'eux et les aime encore. Ses souvenirs scolaires lui sont précieux et il aime y penser. Même s'il en est éloigné, son pays natal reste très présent dans sa mémoire, avec des détails précis et un grand sentiment d'attachement. Les sources, les origines, la patrie ne sont pas pour lui des mots vides de sens; il en perçoit d'instinct la rare valeur et il aime se tourner vers eux aux pauses nécessaires de son cheminement dans la vie. Pour lui, le souvenir, c'est le meilleur de la vie. On retrouve ici l'influence de la Lune qui tend à accentuer l'amour de ses propres origines.

Pour un Taureau, tout est durable. Ses attitudes intellectuelles comme ses sentiments. S'il se fâche, il met longtemps à revenir sur cette réaction et faire la paix avec lui n'est pas chose rapide. Il persiste dans la mauvaise humeur comme, ensuite, il persistera dans le regret de cette mauvaise humeur. S'il a des remords, il les a pendant longtemps. Mais il a autant de persévérance dans ses bons sentiments : son amitié est longue, constante. Son dévouement ne cesse pas vite; il n'est pas facile à décourager et il persévère dans ses entreprises. Il a des habitudes et il y tient : rien ne le contrarie comme de modifier l'ordre établi du déroulement de sa journée; il n'apprécie pas les improvisations. Il l'exprime souvent en développant un thème sur la nécessité de se préparer psychiquement à l'événement, même s'il s'agit de changer l'heure du repas ou la nature de la soupe du soir.

Se divertir, pour lui, n'est agréable profondément que si cela se range en bon ordre dans un emploi du temps dressé à l'avance. Là, surtout, il lui faut le temps de s'y préparer; mais le programme dressé, il est réellement gai et insouciant au cours des réjouissances.

Il peut avoir des préjugés dont il ne démordra pas et devenir quelque peu « rabâcheur », énonçant sans cesse les mêmes adages, racontant les mêmes histoires.

Ses projets sont à longue échéance; il ne s'étonnera jamais de la lenteur des résultats car il possède en lui toute la patience du terrien; il peut attendre que l'arbre pousse.

Les impressions diverses qu'il reçoit sont enregistrées en lui pour longtemps, mais il arrive qu'il les taise. Et puis, un jour, à l'occasion d'un fait particulier, d'une discussion, d'une émotion, il se livre tout entier et l'on s'étonne alors de la somme de contrariétés qu'il a pu accumuler sans en rien dire et qu'il révèle brusquement dans un retour violent sur le passé.

Lent, de mémoire solide et calme, il est entêté et

reste peu disposé à suivre les conseils des autres. Il les écoute, les enregistre, et ne les suit pas, ou alors, il les suit longtemps après. Il n'accepte pas volontiers les changements et la modernisation qui est souvent, à ses yeux, injustifiée ou même incompréhensible, quand elle n'est pas destructrice. Il tend vers un certain automatisme mental.

Le natif du Taureau a généralement des principes précis et clairement conçus et il s'y tient. Cette attitude lui confère une fermeté systématique mais peut l'empêcher de progresser, s'il n'y prend garde. En revanche, il possède la grande qualité d'être toujours fidèle à sa parole et à sa pensée. Il ne manque jamais à ses engagements; il est conscient de ses droits aussi bien que de ses devoirs et n'oublie jamais rien en ces questions. Il est tenace.

Il peut supporter les affronts sur l'instant, puis, comme si l'impression pénétrait lentement en lui, tout à coup, il éclate et proteste. Beaucoup plus tard, la blessure peut se rouvrir inopinément, révélant qu'en fait elle ne s'est jamais cicatrisée.

La lenteur et la solennité

La lenteur est innée chez le Taureau et elle y occupe une place prépondérante. Ce n'est pas la lenteur d'un hésitant, mais l'allure de celui qui sait que tout vient à point à qui sait attendre. La présence de Saturne dans le ciel de naissance accentue irrévocablement ce trait de caractère.

Sur le plan physiologique, le Taureau est classé « lymphatique-nerveux ». Certains auteurs décrivent le natif du Taureau comme un individu aux formes massives : c'est une impression intellectuelle. Il est des taureaux volumineux mais il en est de fins, de déliés, selon des éléments secondaires influant sur leur complexion.

On a l'habitude d'attribuer au Taureau une sensibilité lente et obtuse; on lui prête une intelligence lourde; on le dit prédisposé à se poser le moins possible de problèmes, mais capable de les creuser à fond.

Cela serait le portrait d'un Taureau à dominante froide. Il n'est pas le seul type de ce signe. S'il a Mars ou Jupiter à l'unisson avec le Soleil dans son signe, le Taureau est à dominante chaude. Il est alors plus émotif, plus actif, et, une fois mis en mouvement et sur sa voie, il file rapidement, toujours dans la même direction, tout droit, renversant les obstacles et inlassablement opiniâtre.

Alors, toute son humeur change d'orientation. Il est du type sanguin, chaleureux, créatif, optimiste, aspirant au bonheur et prêt à en jouir. Il peut devenir très coléreux. Il est, en tout cas, ardent, ouvert, bruyant, bon vivant, animé, fort et de bonne santé.

L'importance de la bouche

L'instinct du Taureau est surtout fait du goût de vivre, de self-défense, d'une avidité étrange de posséder le monde tout entier, et d'une grande facilité d'épanouissement de la vie individuelle; cela s'accompagne d'un certain désir de sécurité, et, par-dessus toute chose, de la recherche du confort.

Un natif du signe du Taureau est avant tout un être moralement et physiquement sain. Il se sent en contact avec l'universelle nature et il participe ardemment au cycle des saisons.

Il aime suivre ses instincts et, sur le plan de la sexualité, ceux-ci sont assez impérieux. Il a généralement une grande ardeur sexuelle.

Dans ses périodes de pleine santé, il est considérablement riche en possibilités, installé sur son potentiel de vie comme sur un tas d'or. Il court alors le risque d'oublier que pour d'autres la vie est moins facile; il peut devenir égoïste, et généralement, passé la cinquantaine, le Taureau s'oriente dans ce sens. Il se love au centre de son confort personnel comme un gros chat dans sa fourrure et de là il promène un œil indifférent sur tout ce qui n'est pas sa personne.

Les instincts qu'il a tendance à suivre sont de capter, de prendre, d'attirer, d'absorber, de digérer. Tout cela se définit par l'importance de la bouche.

Le Taureau n'est pas sans avidité réelle ni gourmandise. Il aime absorber et il aime gagner; il lui arrive d'être très âpre au gain. Il veut posséder et de préférence de la terre. Cela le rassure. Il convoite, il envie, il désire. Le Taureau adopte la même position sur le plan affectif car sa nature forme un tout homogène. En amour, il est avide et particulièrement jaloux. Il faut qu'il enveloppe, qu'il attire, qu'il conquière, qu'il absorbe. C'est un envoûteur.

Lorsque les planètes Jupiter et Mars sont présentes dans son ciel de naissance, elles favorisent ces tendances.

Ces traits, qui sont symbolisés par l'importance de la bouche, constituent ce qu'on appelle un caractère oral. Ce caractère oral est lié, dans le subconscient, à la notion de mère et de nourrice, l'enfant qui tette. Il a gardé du nourrisson le besoin du sein et, dans sa vie, ce besoin va se traduire par l'amour de la propriété terrienne, de cette terre que l'on cultive et qui donne de la bonne nourriture. Il aime la nature, les herbages, les vergers, les champs. Il aime les fruits et les alpages des montagnes grasses et bien arrosées.

Nous arrivons maintenant au caractère dionysiaque du Taureau. Reportons-nous à la mythologie du Taureau et au récit dans lequel intervient Dionysos. Le mythe grec est toujours à portée philosophique; il reste très éloigné de la multiplicité désordonnée d'un monde de dieux aussi faibles que des humains à laquelle nous avions pu croire dans notre enfance.

Illustration pour le Gargantua *de Rabelais,*
par Gustave Doré.

Pour le Taureau du type dionysiaque, la vie est une perpétuelle fête. Elle se déroule comme un chant d'allégresse, mais aussi comme la plainte d'un esclavage; car le Taureau finit par devenir l'esclave de ses propres biens. Qu'il s'agisse de l'esclavage né d'une passion sensuelle pour l'être qu'il possède, ou bien de cet autre esclavage qui naît de l'avidité et du désir du gain, ou encore de l'attachement sentimental à certains lieux et à certains objets, il y a toujours esclavage puisqu'il y a privation, volontaire ou non, de liberté... Comparé au Bélier essentiellement libre, indépendant même envers lui-même, le Taureau se présente comme solidement ligoté par ses propres besoins.

On décèle, chez le Taureau, une crainte latente, celle de se voir livré à l'action d'énergies incontrôlables qu'il redoute profondément. Il sait qu'il peut voir s'entrouvrir les bas-fonds qui stagnent en lui-même. Il se sait capable de donner libre cours à une marée de lames de fond qu'il ne sera peut-être pas en mesure de dominer. Il sait que la force qui est en lui, disciplinée aujourd'hui, peut, demain, sous la pression des circonstances, se libérer brusquement et causer d'irrémédiables dégâts.

Lorsque Mars est présent à la naissance, il implique ces possibilités de violence. Impassible devant une ou plusieurs brimades que le Bélier n'eût pas supportées une minute, le Taureau peut se déchaîner quand on ne s'y attend plus. Il risque alors de perdre toute mesure, sans tenir compte des conséquences de ses actes.

Il devient, dans ce cas, un instinctif à l'état pur. Secondaire, mais instinctif.

Mis à part ce risque, il est, en général, paisible, simple et affectueux.

La physionomie du natif du Taureau

Le premier signe du Zodiaque, le Bélier, dominé par les planètes les plus masculines, est symbolisé par un animal considéré comme hyper-viril; le Bélier est un procréateur symbolique. Le second signe, le Taureau, est sous la domination de deux planètes très féminines : Vénus et la Lune. On considère que c'est un signe féminin. Quoi qu'il en soit, la femme du Bélier n'est nullement masculine, pas plus que n'est féminin l'homme du Taureau. Ce sont des expressions symboliques qui n'atteignent pas l'organisme, mais qui se rapportent seulement à la catégorie de caractère du natif.

Le visage du natif du Taureau affecte souvent une forme susceptible de s'inscrire dans un trapèze plus large en bas qu'en haut. Les mâchoires sont développées, donnant une grande importance à la bouche. Les dents sont généralement saillantes et visiblement importantes. Le front est large, le nez droit et large, les yeux grands, saillants et écartés. L'ensemble de la personne est bien en chair, de construction solide et forte, avec un cou épais et de larges épaules.

On distingue trois types physiques du Taureau.

On a le type « vache », qui est d'un naturel lymphatique, avec une morphologie convexe : le bas du visage, le front et le ventre sont proéminents.

En second lieu, on a le type « bœuf », moins lymphatique, plus calme que mou. Il est laborieux, tenace et fort. Ses traits sont moins convexes. Le bas du visage est large, mais avec la charpente maxillaire énergique. Le front est bombé, mais haut et découvert; enfin les volumes du corps sont de muscles plus que de tissus graisseux.

Enfin, on a le type Taureau pur, vif, brusque, musclé, sanguin, puissant, passionné et coléreux.

Etant donné l'existence de ces trois subdivisions d'un même type, on n'a plus lieu de s'étonner de découvrir parmi les natifs du Taureau des natures en apparence très diverses et des personnes physiquement très différentes et bien loin de ressembler à l'animal symbolique.

Certains auteurs estiment que le Taureau est le triomphe du plan horizontal et de la largeur; il est aussi celui des formes simples, puissantes et compactes. Il évoque la stabilité, la pesanteur, la masse. Il symbolise pour eux la table, surface horizontale supportée par des pieds. La table est bien, en fait, l'univers du Taureau : il y mange, il y boit, il y travaille, il y fonde, il y bâtit...

Une certaine logique guide ces descriptions qui, pourtant, ne correspondent pas toujours à la réalité. Il faut, en effet, tenir compte des types mixtes.

Allure, mouvements, attitudes du Taureau

On dit qu'on reconnaît facilement dans la rue le natif du Taureau à la seule vue de sa démarche; c'est exact dans le cas d'un type très pur. Il donne toujours l'impression de ne pas être pressé et d'avoir beaucoup de temps disponible.

S'il est accompagné, le Taureau coupe sa marche de brusques arrêts et de pauses pour accentuer ses paroles; mais s'il va vers un but précis, avec un horaire déterminé, il adoptera une allure ferme et régulière d'un bout à l'autre de son trajet.

Il a la démarche traînante. Il y ajoute une tendance presque constante à baisser la tête, gardant le regard presque toujours fixé au sol et présentant non seulement le front, mais souvent le dessus de sa tête. Il semble donner au sol une grande importance et vouloir s'y appuyer et s'y enfoncer à chaque pas.

Sa poignée de main est chaude, accueillante, bienveillante. Chez la femme, la voix est douce et très agréable, charmante.

Chapitre II
Le destin des natifs du Taureau

Une destinée semblable attend tous les natifs d'un même signe. Ils n'ont pas tous le même destin, bien sûr, ils ne rencontrent pas tous les même chances, ils ne se heurtent pas tous aux mêmes obstacles; mais il existe en eux, simplement, une grande similitude de tendances. Il n'y a pas lieu de s'en étonner. Ons sait qu'à caractères semblables, il arrive généralement semblables événements. Nous sommes responsables de notre propre destin; notre activité personnelle y a une influence primordiale; consciemment ou non, nous en sommes les auteurs. C'est pour cela que les Taureaux ont un destin nettement défini. Ces lignes générales sont comme une silhouette et chacun y trouvera l'emplacement des détails qui lui sont propres.

Nous allons voir quels sont les éléments qui, communs à tous les Taureaux, rendent semblables leurs destins.

La santé

Le signe zodiacal du Taureau tend à conférer au natif une excellente et robuste santé.

On rencontre, chez les Taureaux, deux sortes de tempéraments. L'un est nerveux, froid, taciturne, lent et lourd. L'autre est sanguin, émotif, expansif. Quoi qu'il en soit, on peut affirmer que le natif du signe est soumis au fonctionnement des organes de la vie végétative et aux réactions basées sur les sensations.

Le Taureau sait qu'il dispose d'une source

Mikhaïl Bakounine.

inépuisable de force et d'énergie. Il possède une grande résistance organique, ce qui lui assure l'espoir d'une longue vie sans trop d'ennuis.

La vigueur apparaît dans tous les gestes du Taureau. Elle est dans sa ligne; on a toujours l'impression qu'il est capable d'une énorme résistance. Mais voici le revers de la médaille.

Le Taureau ne connaît pas la limite de ses forces; il a tendance à la dépasser. Il use de l'énergie dont il dispose sans s'assurer qu'elle se reconstitue de façon régulière et il lui arrive d'en abuser. On dit de lui : « Il se tue au travail ». Pourquoi le fait-il ? Parce qu'il est avide de gain ? Ou simplement parce que, mis en train, il n'aime pas s'arrêter ?

Dès que la limite de ses forces a été dépassée, le Taureau tombe comme une masse, pareil à l'animal traqué, enfermé dans le labyrinthe de ses désirs, désarmé devant l'ennemi surgi sur son chemin, qui lui barre la route, et auquel il ne s'attendait pas. Que ne se souvient-il de sa légende ! Il n'est pas le Minotaure. pour se laisser abattre par un prince bien armé.

Le Taureau est, nous l'avons vu, lent en toutes choses. Il a mis longtemps à épuiser son énergie, il va mettre lontemps, aussi, à constater cette malheureuse réalité et à faire les efforts nécessaires pour se relever, pour reprendre des forces et pour repartir d'un bon pas. Il semble qu'il ait, au moment de sa chute, pris conscience de ses erreurs et de ses limites et qu'il n'arrive pas à oublier cet arrêt fatal. Il semble que, pendant un temps trop long, il reste immobile, sous le choc qui l'a terrassé, comme s'il ne devait jamais plus se relever, pris d'une faiblesse qui l'empêche de réagir.

Le natif du Taureau est doué d'un bel appétit et il y cède volontiers. Il ne suit pas de régime et assimile lentement cette quantité de nourriture qu'il absorbe, qu'il impose à son organisme.

Il n'est pas du genre à apprécier les sacrifices ni les purifications. Il se conduit ainsi très mal envers son organisme et principalement envers les organes de l'assimilation et de la combustion des aliments. La plupart des Taureaux finissent par souffrir de diabète, d'obésité, de cholestérol en excès, de crises de foie, de blocage des reins, de rhumatismes, de constipation; ils ont souvent un tempérament d'arthritique. Ils souffrent aussi souvent d'inflammation des musqueuses, de furonculose.

La zone la plus sensible chez le Taureau est le cou. Cette sensibilité affecte la bouche et les dents, mais aussi le pharynx, les cordes vocales, les glandes du cou, le sommet des poumons, la partie supérieure des bronches.

Le Taureau devrait veiller sur sa santé et encore plus sur son alimentation. Il n'aime pas accorder trop d'attention à ces questions; il faut pourtant qu'il sache que c'est nécessaire au bon déroulement de son destin. La maladie n'a aucun charme...

L'intelligence du Taureau

Quand vient l'âge où l'on choisit une carrière, le Taureau se voit placé devant un problème d'une telle importance qu'il serait dommage de ne pas faire intervenir l'Astrologie. Comme celle-ci définit les caractéristiques du natif du signe, elle indique souvent les voies qui s'ouvrent à lui et les chances de succès qu'il y rencontrera.

Les éléments qui entrent en ligne de compte, dans ce choix, sont nombreux.

Commençons par examiner les dispositions intellectuelles du Taureau.

Le Taureau possède un esprit réaliste, concret, pratique, avec un bon sens évident, le don de voir les choses simplement et sainement, les deux pieds sur terre et sans aucun risque de se perdre dans les nues.

Il s'agit d'une forme d'intelligence particulièrement

orientée vers l'efficacité. Elle tend à trouver l'utilisation des choses concrètes.

Le Taureau adopte généralement un point de vue pratique et matériel et il tient grand compte de ses mains; il observe, il constate, il conclut. Et surtout, il tâte le terrain.

Parfois, il court un risque et se laisse facilement leurrer par les apparences. Le natif de ce signe doit prendre garde à cela.

Il a un autre défaut qui risque de lui nuire, sa tendance à se limiter à la perception utilitaire des choses. Il est pratique, mais peut-être l'est-il trop.

L'objectivité est sa principale qualité. Le Taureau n'est pas un émotif de l'instant. Il reste calme et c'est là que se trouve la garantie de son objectivité : dans l'observation des faits et des choses, il n'est pas psychiquement influençable.

Un Taureau ne manque certainement pas d'imagination et même d'imagination créatrice, mais celle-ci n'intervient pas dans ses observations, elle n'entrave pas ses facultés d'enregistrement.

Il a l'habitude de revenir plusieurs fois sur les mêmes choses car il assimile lentement; mais une fois admises, elles restent solidement gravées dans sa mémoire et ce qu'il a bien compris, il ne l'oublie plus.

Un Taureau tend à se fier davantage à ses convictions personnelles acquises et formées par l'observation qu'à un jugement élaboré intellectuellement. Il sent plus qu'il n'analyse.

Il met un certain temps à tirer la conclusion de son observation ou de ses expériences; quand il le fait, c'est une conclusion mûrie et qui ne variera plus. Enfin, il est essentiellement conservateur.

La vocation

La vocation d'un Taureau ne se décide jamais sur un coup de tête; ce serait le style du Bélier.

Le Taureau, même dans la bouillante adolescence, ne manque jamais de faire preuve d'un caractère réfléchi et d'une détermination solide. Quand il choisit sa voie, il ne se laisse jamais guider par le hasard, sa décision est consciente et délibérée, et son choix est le bon. C'est heureux, car le Taureau n'a pas un caractère à changer d'avis après avoir fixé son choix, exprimé son opinion, déclaré ses sentiments.

Il est fait pour les professions qui exigent une régularité de gestes et d'actes. Il choisit volontiers un travail qui paraîtrait monotone à d'autres. Le Taureau est capable d'un excellent rendement dans cette catégorie de métiers; il peut s'y maintenir longtemps et y devenir un « ancien » très expérimenté.

Ce qui précède est surtout valable pour le Taureau « froid ».

Le caractère « chaud » choisit plutôt des activités complexes et apprécie les grandes entreprises qui deviennent l'œuvre de toute une vie.

On peut dès lors dresser les grandes lignes caractérisant les professions que tend à choisir un Taureau et qu'il a intérêt à choisir.

Ce sont des travaux demandant un certain automatisme.

Ce sont des travaux où il faut utiliser les sens et surtout le toucher et la capacité d'observation pratique. Par exemple, le travail manuel.

Ce travail devra porter sur des matières stables et naturelles comme la terre, les briques, le bois, le cuir, etc.

Le Taureau a intérêt à choisir une profession qu'il puisse exercer à la campagne; les champs et aussi les jardins lui sont favorables, du fait qu'il s'agit d'un signe de Terre. Par extension, un Taureau aura

La poterie : une des formes de contact avec la terre.

également ses chances sur les chantiers, même urbains, car ils ont un puissant contact avec le sol.

Un natif de ce signe peut donc s'orienter vers les professions agricoles ou annexes de l'agriculture et vers celles qui sont en rapport avec les produits du sol, comme le commerce des fruits et primeurs sur quelque échelle que ce soit. Les métiers du bâtiment, de l'architecte à l'ouvrier, conviennent également aux natifs du Taureau. Par extension, il peut s'intéresser aux métiers du financement du bâtiment.

Enfin, tenons compte du fait que les natifs du Taureau sont, à cause de Vénus, sensibles à la beauté; aussi peut-on leur conseiller l'exploration de leurs dons artistiques dans toutes les branches des Beaux-Arts, ainsi que dans le domaine du spectacle.

Pour aiguiller le sujet sur la bonne voie, on peut se baser sur l'influence des planètes qui se trouvent dans son ciel de naissance; celles-ci fournissent des précisions qui différencient les natifs du signe.

Saturne incline vers les métiers de la terre; si cette planète se trouve dans le ciel de naissance du sujet, on peut insister sur ce choix. Avec Jupiter, on pourra penser à la carrière d'architecte, en tout cas, aux métiers du bâtiment; s'il s'agit de Vénus, ce sera de préférence vers les arts que se dirigera le sujet.

Le style de travail

Contrairement au tempérament du Bélier qui fonce sans toujours réfléchir, le Taureau n'a pas une mise en train rapide. C'est le type de travailleur qui prend tout son temps pour renouer avec la tâche de la veille; mais une fois en route, il semble que rien ne doive l'arrêter; en fait, il montre une grande régularité alliée à une grande puissance de travail. Dans ce sens, il peut prendre tout son temps pour se mettre en train, il sera aussi lent à s'arrêter et l'équilibre sera ainsi rétabli.

Un Taureau a de la méthode. Avant de commencer une tâche, il prend le temps de considérer posément ce qu'il doit faire. Il est calme et sobre dans ses gestes. Il est patient et efficace. On dit qu'il ne raffine pas, mais ce n'est pas toujours vrai, car il a beaucoup de goût.

Fort et régulier, le Taureau n'a pas de peine à s'insérer dans une équipe; pour ses collègues, il est un bon compagnon : il n'hésite pas à les aider si c'est nécessaire; il ne refuse pas les tâches réputées dures; il a une seule faiblesse : il fait du zèle et il ne sait pas toujours se mettre en valeur, d'où une curieuse situation. Tout en étant un excellent travailleur, capable de se défendre et de voir où est son intérêt, il se fait souvent « exploiter » par ses supérieurs. En revanche, comme il suppose aux autres les mêmes dons que les siens, il exige beaucoup; de ce fait, il est souvent considéré comme un chef un peu abusif.

Attaché à la terre, il est, par extension, attaché aux biens de ce monde. Il aime l'argent et peut éventuellement réussir dans certaines carrières financières grâce à ce goût inné des biens matériels.

Le Taureau est destiné à réussir sur le plan professionnel; il réussit parce qu'il travaille. Il sait d'instinct, comme un paysan, même s'il n'est pas paysan, que, pour récolter, il faut non seulement semer, mais aussi fournir un effort régulier : remuer le sol, l'amodier, le fertiliser, le sarcler, veiller sur lui...

Sa carrière se déroule généralement avec une grande et ferme régularité. Ce n'est pas un employé passif qui attend son avancement; c'est un collaborateur zélé, capable et régulier, qui monte en grade parce qu'il réalise des efforts continus et aussi parce qu'il n'irrite pas son entourage. C'est le type d'ouvrier capable de recevoir la médaille du travail, car il reste extrêmement longtemps dans la même entreprise.

Sa tendance générale le pousse à se laisser trop ligoter par son travail et à y demeurer attaché, même si les conditions se détériorent. Dans de nombreux cas, on peut considérer ce trait comme un défaut.

Le Taureau a un autre défaut : il ne tient pas à bénéficier de l'expérience d'autrui. En fait, même si on lui en fait part, il n'en prend pas possession; cela reste en dehors de son entendemment. On le lui dit; on le lui montre; qu'importe ! Il s'en tient à ce qu'il sait, à ce qu'il a trouvé lui-même.

Certains Taureaux semblent attirer magiquement la fortune; d'autres l'atteignent par leur ténacité. Ceux qui restent pauvres souffrent d'un déséquilibre de leurs capacités professionnelles ou de gestion. Si c'est votre cas, revisez ces deux points de vue.

Comment modifier votre caractère

Un être aussi fermement tenace que le Taureau s'apercevra très rapidement de ses carences et de ses excès. Très tôt, avec le courage qui le caractérise, il sera instinctivement poussé à remodeler sa personnalité en vue d'une vie mieux équilibrée, en vue d'une carrière plus intéressante, en vue d'un plus grand bonheur personnel.

La difficulté consiste à singulariser les traits défavorables et les isoler de l'ensemble du caractère pour y remédier méthodiquement.

Le premier obstacle à la sérénité nécessaire reste la colère. Le Taureau est facilement coléreux. Peut-il l'admettre ? Certainement. Ce n'est pas un défaut méprisable, mais certains Taureaux en tirent vanité. En fait, il est parfois utile de se fâcher et de montrer un peu de vigueur dans l'expression de son mécontentement. Mais ces fureurs aveugles finissent par n'avoir plus de sens, ni aucun effet, et doivent être évitées. Il faut savoir résister à ces mauvaises habitude.

Le Taureau est essentiellement un être d'habitudes. C'est sur cet élément de sa personnalité qu'il devra s'appuyer pour corriger les défauts de son caractère.

Dès le début d'une journée, à la première cause d'irritation – et nous savons qu'elles sont nombreuses chez les gens appelés à se rendre à leur travail à une heure bien déterminée – il doit se tenir en éveil, tous ses sens à l'affût de ce qui va se passer en lui. Par exemple, disons que monsieur Taureau ne retrouve pas son trousseau de clefs. Il l'avait pourtant posé, hier, sur le coin de la cheminée... Voyons, monsieur Taureau, n'éclatez pas en invectives; reportez-vous mentalement à l'instant où, hier soir, vous avez ouvert la porte d'entrée avec vos clefs. Ah, vous n'avez pas ouvert vous-même ? Peut-être votre femme ou un de vos enfants vous a-t-il vu venir et a-t-il gentiment ouvert la porte ? C'est cela ! Et le trousseau de clefs est resté dans la poche du pantalon que vous portiez hier; mais aujourd'hui vous ne portez pas le même.

Pendant ces réflexions, la colère, qui n'est en réalité qu'un sentiment exacerbé du temps qui passe et de l'heure qui avance, monte, s'enfle, et, même si monsieur Taureau retrouve ses clefs, il éclatera en imprécations et grattera le sol d'un « sabot » rageur.

Analysez-vous. Il ne s'agit pas d'une vraie colère; alors, pourquoi n'en faites-vous pas une scène drôle ? Un bon mot, monsieur Taureau, pour plaisanter sur vous-même et tout le monde sera tellement heureux de rire de votre esprit !

Je crois que vous arriverez très vite à transformer la corrida terrifiante du matin en une série de sketches où vous jouerez le rôle du monsieur pressé qui commet quelques maladresses et où votre entourage se fera une joie de placer sous votre main l'objet que vous cherchez pour jouir de l'expression exagérée de surprise que vous adopterez.

Et l'habitude sera prise des départs dans la joie.

Qu'il en soit de même au volant de votre voiture. Vous ne vous livrez pas aux excès de vitesse de monsieur Bélier. Vous conduisez d'une main ferme, mais vous ne tolérez aucun manquement de la part des autres automobilistes. Résultat : vous avez très souvent des incidents du style « queue de poisson » ou invectives par la portière pendant l'arrêt au feu rouge.

Que faire ? Simplement vous dire que, parfois, vous aussi gênez les autres. Vous ne voulez pas admettre que vous ne conduisez pas à la perfection ? Peut-être, en effet, ne commettez-vous jamais de ces erreurs. Mais alors, vous pouvez penser que, justement parce que vous êtes un excellent conducteur, vous n'avez pas besoin de donner de l'importance aux erreurs des autres. Vous évitez avec sagesse et brio l'incident et vous passez, olympien, avec un sourire condescendant.

Ce que vous pouvez améliorer en vous

Taureau, vous avez en vous une immense source d'énergie et, à partir de cette puissance, vous pouvez aller aussi loin que vous le souhaitez.

Simplement, vous devez faire, à un moment donné, le bilan de vos possibilités et de vos qualités. Vous devez aussi faire le bilan de votre santé car vous avez tendance à abuser de vos forces. Sur ce plan, c'est par la bouche que vous gâtez votre vie : vous êtes porté sur la bonne nourriture et les maladies de pléthore vous guettent. C'est à cela que vous devez faire attention.

Cependant – et cela dépend de votre thème personnel – il est possible que vous soyez victime de votre propre système nerveux végétatif, c'est-à-dire un ensemble qui vibre et réagit parfois aux émotions, mais sur lequel il est difficile d'exercer de l'influence.

Vous aimez l'argent et c'est dans ce sens que vous trouverez le plus d'encouragements. Mais sachez que vous devez faire un judicieux emploi de cet argent : vous avez intérêt à acquérir des biens immobiliers.

C'est vers cela que vous pousse votre instinct. Laissez-le parler et devenez propriétaire. Si les circonstances semblent s'y opposer, faites encore plus d'efforts pour stabiliser votre situation et – ne dussiez-vous posséder qu'une cabane sur un petit lopin de terre – efforcez-vous de l'acquérir. Votre équilibre intérieur est à ce prix.

Votre volonté, développée par à-coups, devrait devenir moins sensible à l'entourage et plus régulière en vous-même. Vous avez intérêt à dissimuler votre puissance de travail et à normaliser votre effort. Vous serez moins exploité par vos chefs; et si vous régularisez et rendez moins apparente votre force, vous pourrez la rendre plus efficace lorsqu'il s'agira de conserver votre position. Ne découvrez pas vos défenses.

La jalousie

Le Taureau est un être jaloux. Les natifs de ce signe sont sous l'influence de Vénus, planète de la beauté et de l'amour. Elle est aussi l'affection, la tendresse, elle est la volupté. Elle peut devenir la passion profonde.

Comment un Taureau aime-t-il ? Comme il agit en toutes choses, d'une manière droite, simple, naturelle. Le Taureau, homme ou femme, ne se pose pas de problème psychique devant l'amour.

Assez curieusement, le Taureau se conduit en affection comme en amour. Une mère Taureau agira envers ses enfants comme un amant Taureau agit envers sa maîtresse. La tendresse se manifeste chez les natifs de ce signe avec la même exclusivité et la même violence que l'amour chez les autres.

Pour le Taureau, aimer c'est posséder. La mère trouvera normal d'absorber à son profit toutes les capacités et les forces de ses enfants; la seule pensée que son fils, en se mariant et en s'attachant à une autre femme, ne sera plus aussi profondément proche de sa mère, plonge une native du Taureau dans des angoisses pouvant déboucher sur un état physique ressortissant nettement de la pathologie. Cette attitude ne relève pas forcément de l'égoïsme, car cette mère sera capable de sacrifices profonds pour voir seulement son enfant adulte continuer à vivre près d'elle et, autant que possible, dépendre d'elle, ne fût-ce que dans une certaine mesure. Qu'elle ait des filles ou des garçons, une mère Taureau sera toujours atterrée par leur mariage. On découvrira qu'elle est capable de faire des miracles pour éviter à ses enfants des chagrins d'amour et que – étrangement – elle sera furieuse ou tombera malade si l'idylle se termine par un mariage.

Le mois de mai. Calendrier des Bergers,
XVe siècle.

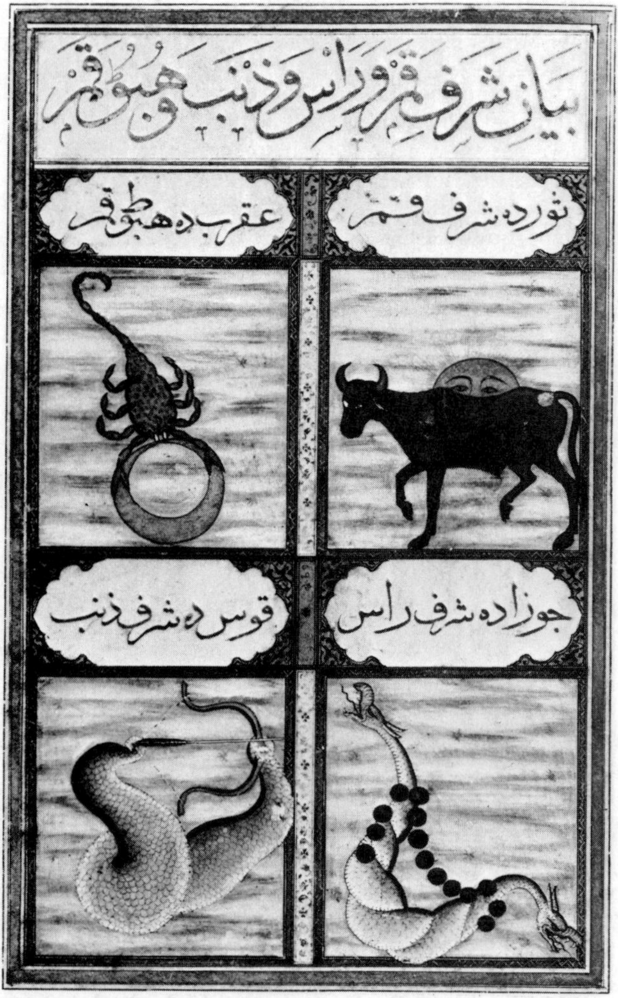

Traité d'astrologie, *de Mohammed ibn Hasan el-Saoudi.*
Manuscrit turc de 1582.

Chapitre III
Les types mixtes du Taureau

Tous les natifs du Taureau ne sont pas exactement semblables au portrait que je viens de tracer au cours du précédent chapitre. Chacun pourrait citer tel et tel Taureau de sa connaissance qui s'en éloigne très nettement. Pourquoi ? D'abord, parce que, pour établir les bases d'un exposé, on est tenu de schématiser quelque peu les traits ; d'autre part, on doit considérer ceci : chaque être humain, même né au deuxième décan d'un signe, c'est-à-dire nettement dans le signe, même avec un ciel favorisant une caractérisation très typée, acquiert, par l'éducation, sous l'influence du milieu, à la suite de faits extérieurs et imprévus, des traits psychologiques qui lui sont strictement personnels et qui l'éloignent du type des natifs de ce signe. Et c'est fort heureux, car, ainsi, chaque individu est absolument unique et différent de tous les autres.

Un des éléments qui différencient le plus nettement entre eux les natifs d'un signe est constitué par l'ascendant.

Recherche de l'ascendant

Vous connaissez votre date de naissance mais connaissez-vous l'heure de votre naissance ?

Au mouvement des planètes et du Soleil s'ajoute le mouvement de rotation de la Terre sur elle-même. Or, au cours de ce mouvement, qu'elle réalise en vingt-quatre heures, chaque point de la Terre se tourne successivement vers chaque signe du Zodiaque. A l'instant où l'un de ces signes apparaît (théoriquement) à l'horizon, du côté de l'orient, ce signe influence le sujet qui est en train de venir au monde. C'est son signe ascendant. On peut donc naître, par exemple, Taureau ascendant Gémeaux. Taureau ascendant Sagittaire, ou Taureau ascendant Poissons, etc., selon que c'est le signe des Gémeaux, du Sagittaire ou des Poissons par exemple, qui monte à l'horizon.

L'influence du signe ascendant se révèle très manifeste et très importante chez le natif. Le signe ascendant est en période de force parce qu'il monte à l'horizon ; il influence le nouveau-né en modifiant par sa présence les caractéristiques pures données par le signe dans lequel s'est levé le Soleil, le signe solaire. Pour distinguer ces deux signes du zodiaque par rapport au natif, on appelle l'un le signe solaire, l'autre le signe ascendant. Un sujet né Taureau avec ascendant Taureau est bien Taureau pur. Mais si l'ascendant est un autre signe, les deux indications sont intéressantes à connaître parce que des différences apparaissent selon le signe ascendant.

Voyons maintenant, pour chaque signe du Zodiaque, quelles modifications il apporte au type pur du Taureau lorsqu'il est l'ascendant.

Pour connaître votre signe ascendant, vous devez rechercher l'heure sidérale de votre naissance, précision qui se détermine par la lecture de tableaux horaires variant avec les méridiens du globe terrestre. C'est pourquoi ces tableaux sont édités pour chaque région déterminée.

Si, au moment de votre naissance dans le Taureau, ce signe apparaissait juste au bord de l'horizon, vous êtes Taureau ascendant Taureau, donc très près du type pur du signe tel qu'il est décrit dans les précédentes pages. Mais il y a onze autres possibilités que nous allons examiner et qui sont les types mixtes.

Taureau ascendant Bélier

Nous verrons d'abord ce que vous apporte le signe Bélier. Il est très intéressant de connaître à fond son signe ascendant ; cependant, on ne trouvera ici que des généralités, ne pouvant traiter complètement chaque signe.

Parce que vous êtes né sous le signe du Taureau, votre principale qualité est la persévérance, la ténacité. Or le Bélier vous est, en cela, diamétralement opposé ; le natif de ce signe est un vif, un spontané, psychologiquement primaire, dans le sens où vous êtes vous-même psychologiquement secondaire. Le Bélier est bouillant, rapide, toujours pressé de commencer quelque chose d'autre, inventif, impulsif et novateur, le tout dans la précipitation.

Avec un ascendant Bélier, un natif du Taureau se révélera plus rapide dans ses décisions, plus vif dans ses mouvements, plus apte à renoncer à d'indéracinables habitudes, plus ouvert aux innovations, plus rapide en toutes choses et de moindre mémoire.

Taureau, si vous êtes né sous ascendant Bélier, prenez garde à vos sautes d'humeur ! Vos colères de Taureau peuvent fort bien, tout en étant moins graves, moins profondes, moins bouleversantes, devenir plus fréquentes, plus soudaines, plus violentes, plus brûlantes.

Par ailleurs souvenez-vous que le Bélier est le premier signe de l'année zodiacale; il commence un cycle; il donne à ses natifs pour marque à distinctive le sens de l'initiative, le goût de la nouveauté, du changement, de l'innovation. Cette force de renaissance, si vous êtes sous ascendant Bélier, s'ajoute à votre caractère fondamental déjà puissant et vous apporte plus de possibilités avec davantage d'énergie pour les réalisations.

L'ascendant Bélier est donc pour la psychologie du Taureau un élément d'équilibre qui compense la lenteur et la répugnance à innover.

Pour l'observateur physionomiste, cela se voit-il ? On peut, en effet, rechercher sur les traits d'une personne le signe sous lequel elle est née, mais cette recherche devient plus difficile justement par l'intervention des modifications apportées par l'ascendant. Si la morphologie du natif n'est pas profondément modifiée par l'ascendant, certains traits le sont; l'action de l'ascendant est plutôt dynamique que statique, mais les expressions du visage se marquent sur les traits, surtout lorsqu'il s'agit d'expressions que l'on possède dès l'origine. L'observateur perspicace peut donc, en principe, reconnaître d'après la morphologie et les traits, les signes solaire et ascendant d'un sujet, mais il faut une très grande expérience et on risque de se tromper dans bien des cas ambigus.

On sait toutefois que le natif du Taureau est sous la domination de Vénus et de la Lune, les planètes les plus féminines de l'Astrologie. Pour le Bélier, c'est justement le contraire : il est dominé par Mars et on dit souvent de ce type qu'il est hyperviril.

Le fait de naître dans le signe du Taureau tend à donner des traits fermes et marqués, un visage plutôt large du bas et un corps bien en chair; le signe du Bélier donne un visage où la largeur du front est dominante, avec un corps mince et musclé, de caractère sec et robuste. Lorsque un Taureau a le Bélier en ascendant, il y a certainement un équilibre dans le visage et la ligne du corps tend à la perfection dans la mesure parce que les physiques de l'un et l'autre type se complètent. On aura donc des traits équilibrés, un corps bien proportionné, et ce que le signe solaire peut apporter de massif, de pesant, l'ascendant le transforme en rapidité et en souplesse.

De nature énergique et robuste, le Taureau tend à dépasser les limites de ses forces. Le Bélier aussi. Ici se trouve le principal problème des natifs du Taureau avec ascendant Bélier. Ils doivent plus que d'autres veiller à limiter leurs efforts dès qu'une fatigue un peu exceptionnelle se fait sentir ; ils doivent lutter contre une volontaire ignorance de leur état de santé s'ils veulent conserver le plus longtemps possible la bonne forme qui caractérise l'un et l'autre.

Taureau ascendant Gémeaux

Supposons qu'à l'instant de votre naissance le Soleil soit dans le signe du Taureau et que le signe des Gémeaux pointe au bord de l'horizon oriental. Vous êtes Taureau avec ascendant Gémeaux. Voici les modifications que l'ascendant Gémeaux provoque chez le type pur du Taureau.

Le signe des Gémeaux est, de tous les signes, celui qui apporte la personnalité la plus instable, la plus mobile, la moins enracinée dans les habitudes, la moins obéissante aux coutumes. C'est un signe qui donne un être cérébral, léger, aérien, divers, capricieux, infidèle, imprévu.

Les natifs des Gémeaux ont un caractère probe, accommodant, mais facilement irritable, avec des colères brèves et sans gravité, suivies d'oubli ; ils aiment avec la légèreté du papillon et leur maison n'est pas réellement, pour eux, un foyer, mais un point de halte entre deux voyages.

Ces traits créent une personnalité radicalement opposée à celle des natifs du Taureau. En effet, le natif du Taureau est de tous le plus ferme, le plus enraciné à son sol, le plus traditionaliste, le plus enclin à vivre selon une sorte de code des habitudes et des usages, le moins cérébral et, en amour, le plus fidèle. Il est plutôt pesant que léger ; il est l'être d'une seule idée ; il est fidèle, jaloux et possessif.

Il existe tant de différences entre les caractéristiques de ces deux signes que la présence des Gémeaux en ascendant à la naissance d'un Taureau risque de provoquer une dualité de sa personnalité ; on peut très bien se trouver devant un être à deux visages; il sera enclin tantôt à la fermeté appuyée du Taureau, tantôt aux virevoltes des Gémeaux. Il n'y a pas de fusion des deux signes. C'est une juxtaposition. Cela peut être charmant; cependant, dans la vie de chaque jour, cette complexité peut provoquer des problèmes, soit de la part de l'entourage, soit chez l'intéressé lui-même.

Physiquement, un natif des Gémeaux est un être nerveux, rapide jusqu'à la précipitation, divers et instable. Il est fin et longiligne. L'influence d'un ascendant Gémeaux sur un natif du Taureau est très favorable sur le plan de la personne physique. Les formes sont plus aérées, plus déliées, plus fines et plus souples. Le corps reste robuste mais sans lourdeur. Les traits sont équilibrés, le visage arrondi sans excès, les yeux mobiles et vifs, les gestes prompts, sans faiblesse, le pas léger, ferme et régulier.

Dans le visage d'un natif des Gémeaux, la partie prédominante est le front; chez le Taureau, c'est le bas du visage; l'ascendant Gémeaux apporte donc au natif du Taureau un visage harmonieux, mais plus rond qu'ovale.

En résumé, l'influence de l'ascendant Gémeaux sur le natif du Taureau est plus harmonieuse sur le plan physique que sur le plan psychologique. Les aspects extérieurs des deux types s'accordent pour créer une personne fort agréable, vive et ferme à la fois, et dont les mouvements, alliant la rapidité et la force, sont particulièrement gracieux.

Le natif des Gémeaux étant un nerveux et un agité, et le natif du Taureau étant un fort, il faut se tenir averti de l'inconvénient résultant, au point de vue de la santé, de la juxtaposition de ces deux caractères : on risque fort d'arriver assez vite à un surmenage, à la disparition de cette force qui paraît d'autant plus inépuisable que les ressources nerveuses semblent s'y ajouter.

Taureau ascendant Cancer

Considérons maintenant ce qui se passe quand le Taureau naît avec un ascendant Cancer.

Le portrait du Cancer signale d'abord un tempérament lymphatique, avec une vie physiologique paresseuse : enfance longue, développement lent, caractère végétatif. Le natif du Cancer s'anime en profondeur. Le Cancer est un signe d'Eau. Il semble qu'il en profite pour laisser son esprit se mouvoir avec la lenteur des algues au fond des étangs. Il s'insinue dans les profondeurs. Il a toujours l'air de vivre en retrait de la réalité. Il est généralement sédentaire, asthénique, contemplatif.

N'oublions pas qu'il porte une carapace, c'est-à-dire qu'il cache craintivement son moi profond et le protège contre les influences extérieures.

On peut se demander si les caractéristiques que donne le Cancer à ses natifs reparaissent chez le Taureau qui a ce signe en ascendant.

On constate d'abord que certains des traits de l'un et de l'autre signe s'additionnent et vont dans le même sens. C'est la prédominance des éléments lunaires, plastiques, charnels; c'est aussi l'importance du côté organique, avec les fonctions de la digestion et de l'assimilation.

La nature forte du Taureau résiste à la déliquescence du Cancer ; mais le personnage paraît plus effacé quand il a le Cancer en ascendant ; il se tourne plus volontiers vers les notions de prévoyance, d'assurance, d'épargne que vers les ambitions appelant des gains d'argent.

L'ascendant Cancer peut apporter une grande modification : l'exaltation des dispositions esthétiques et artistiques du Taureau sous l'influence du Cancer. La sensibilité, l'émotivité, l'amour de la nature peuvent lui inspirer des œuvres éternelles et de pures merveilles.

En revanche, la morphologie du Taureau n'est pas modifiée d'une manière visible par l'ascendant Cancer.

Le natif du Cancer étant généralement gras, mou, lunaire, c'est le type fort et puissant du Taureau qui persistera. Le Taureau avec ascendant Cancer se présente souvent avec un visage arrondi, le front bombé, la partie inférieure prépondérante. Il est des Cancers survoltés, démonstratifs et agités : ceux-là peuvent transparaître dans un natif du Taureau qui a le Cancer en ascendant. Le côté Taureau n'a pas grand-chose à y gagner; tout au plus est-il moins lourd, mais il n'en est pas plus rapide. Il rêve plus qu'il ne réfléchit et, extérieurement, cela ne fait pas beaucoup de différence.

Taureau ascendant Lion

Le signe du Lion apporte à ses natifs la chance d'avoir une constitution athlétique. On devine tout de suite que chez le natif du Taureau, l'ascendant Lion peut améliorer jusqu'à la perfection la forme physique. Le Taureau est lourd et massif, mais il est fort ; un Lion athlétique apportera des lignes plus déliées avec la même puissance musculaire et une énergie mieux répartie.

Le signe du Lion apporte une grande puissance vitale. Sous son influence, le sujet se livre à des revendications impérieuses ; il fait preuve d'audace, de certitude, de confiance en soi; il est combatif.

Le signe du Lion implique un caractère passionné. Affectivement, il est dynamique, fort, décidé, aimant et fier d'aimer. Ces traits dispensés par le signe du Lion s'ajoutent à ceux du Taureau et se trouvent en parfaite harmonie avec la nature profonde donnée au sujet par le signe solaire.

En amour, le natif du Taureau qui a un ascendant Lion sera un individu exceptionnel.

Le signe du Lion offre une assez grande dose d'agressivité. Le Taureau n'est pas agressif, mais il est

---

Salvador Dàli.

tenace. Ces deux traits conjugués chez le Taureau ascendant Lion peuvent faire du sujet un être d'une volonté invincible ou, au contraire, un individu prompt au découragement, qui sentira qu'il veut trop et trop tôt. Alors, il se résignera. C'est l'attitude à éviter et les natifs qui se trouvent dans cette situation astrologique doivent en être avertis. La résignation ne conduit à rien et, chez le Taureau, elle peut conduire à un manque d'harmonie préjudiciable.

On trouve parmi les sujets nés sous le signe du Lion deux types de morphologie : un bilio-sanguin, nature dilatée, extravertie, de constitution athlétique ; un bilieux, introverti, rétracté, mince et peu expansif.

Lorsque le natif du Taureau subit l'influence du Lion en ascendant, ces deux types morphologiques se confondent, car le natif du Taureau est généralement fort et dilaté. Le visage du natif du Lion est à la fois plein et allongé, avec une expression fréquemment impérieuse. La même influence transposée sur le natif du Taureau par l'ascendant Lion accentue la plénitude des formes avec un visage plus fort du bas que du haut.

La carrure peut devenir réellement remarquable, car l'un et l'autre signe favorise la force physique à caractère musculaire.

Le Lion donne à ses natifs une démarche ferme et régulière, plutôt rapide ; le Taureau, une démarche plutôt lente, parfois traînante. Sous l'influence de l'ascendant Lion, le Taureau adoptera probablement un pas plus assuré.

Ajoutons que le natif du Taureau n'est pas un être particulièrement gai. Là se fera sentir un des avantages de l'ascendant Lion.

Taureau ascendant Vierge

Le signe zodiacal de la Vierge apporte à ses natifs un type physiologique de complexion plutôt sèche et de tempérament nerveux. On admet généralement que les fonctions digestive, musculaire et respiratoire sont peu développées chez le natif de la Vierge.

A force de reculer et de rentrer en soi-même pour éviter des coups imaginaires, le natif de la Vierge risque de formuler en soi un sentiment d'infériorité.

Sur le Taureau qui a le signe de la Vierge en ascendant, comme il est pétri de force instinctive et d'énergie vitale, ces traits ne peuvent pas avoir une grande influence. Ce qui prédomine dans l'influence de l'ascendant Vierge, c'est un côté « amoureux du confort », avec le goût de l'organisation matérielle et du détail, ce qui, en général, manque au Taureau de type pur.

Si le natif de la Vierge n'est pas fortement marqué sur le plan psychologique, il l'est, en revanche, sur le plan physique. C'est un être essentiellement sec et nerveux. Le Taureau né avec ce signe ascendant trouve un grand intérêt dans cette influence : son aspect pesant, sa lenteur seront corrigés. Un Taureau avec ascendant Vierge est plus fin, plus rapide, plus excité, moins autoritaire, moins récriminateur.

La démarche des natifs du signe de la Vierge est calme, pondérée, régulière, parfois avec un peu de gaucherie. Ce trait peut améliorer l'allure du Taureau qui risque d'être lente et lourde. Sous l'influence de l'ascendant Vierge, il acquiert fermeté, légèreté, rapidité.

Le signe de la Vierge ne favorise pas ses natifs sur le plan de la santé. Il en fait des gens fragiles. Le natif du Taureau, doué d'une belle énergie, ne souffrira pas de l'ascendant Vierge à ce point de vue ; dans certains cas, cependant, il est possible qu'on ait peine à reconnaître le natif du Taureau à cause de sa finesse.

Une certaine angoisse habite les natifs du signe de la Vierge ; le natif du Taureau qui a la Vierge en ascendant doit en être prévenu, afin d'en tenir compte et de ne pas se laisser aller à des hésitations, des atermoiements, causés par une anxiété irraisonnée ne provenant que de son ascendant. Il faudra qu'il domine cet état d'esprit et n'en tienne pas compte dans ses décisions.

On voit des natifs du Taureau complètement transformés dans leur comportement par la présence de la Vierge en ascendant.

Taureau ascendant Balance

Les natifs du signe de la Balance sont des êtres parfaitement équilibrés.

Le signe de la Balance en ascendant pour un natif du Taureau est bienfaisant : il apporte un peu de calme à cette nature parfois excessive. C'est dans l'influence de la Balance que le sujet trouvera la force et la logique qui lui sont nécessaires pour calmer ses colères.

Sa ténacité n'en est pas influencée, elle demeure la même, sauf dans la mesure où il scrutera peut-être avec plus de rigueur les motivations de ses actes, les raisons qui le font agir. La présence d'un ascendant Balance est une garantie contre bien des abus. Les excès du Taureau sont le fait d'un naturel profondément enraciné en lui, conséquence d'une suite d'habitudes s'ajoutant aux tendances naturelles. Seul, avec le caractère que lui donne son signe solaire, il ne parviendra pas à se corriger ; l'ascendant Balance est là pour l'y aider. Cette influence le rend capable de reviser parfois les règles qui lui sont personnelles et qu'il applique dans son comportement et ses principes.

Signe de civilité, d'urbanité, de courtoisie, la Balance apporte ces perfectionnements à la nature instinctive du Taureau. Cette influence est excellente. Les attitudes du sujet sont plus souples, plus nuancées. Il est moins tenace, mais aussi moins entêté, plus ouvert aux discussions, plus sociable et capable de supporter des conversations et des échanges de vues avec des esprits radicalement différents du sien.

Le natif de la Balance apprécie le confort sous toutes ses formes; ce goût, qui se retrouve dans l'influence de la Balance en ascendant convient particulièrement au Taureau qui se laisse fortement influencer par ce trait : il aime aussi le confort. Il aime se sentir propriétaire de biens immobiliers ; il aime sa maison et il la souhaite confortable, élégante et belle. Son côté « balance » fera de la maison un endroit où l'on vit mieux parce qu'on se sent dans son décor personnel et que ce décor est beau.

Le type morphologique que donne l'influence du signe zodiacal de la Balance est très éloigné de la relative animalité conférée par le Bélier et le Taureau. Il s'agit de personnages sans excès ni dans un sens ni dans l'autre, ni remarquables ni désagréables, mais d'un physique harmonieux et de mouvements paisibles.

Le Taureau n'est pas laid mais la beauté n'est pas sa principale caractéristique. En fait, il est sain, robuste, bienveillant. Sous l'influence de l'ascendant Balance, le natif peut avoir des traits plus réguliers, plus fins, plus séduisants. Il arrive qu'il s'éloigne du type oral, c'est-à-dire du type où la bouche recouvre une grande importance. Il est possible que, physiquement, au seul vu de sa physionomie, on ne puisse retrouver le Taureau en lui.

Le signe de la Balance est gouverné par la planète Vénus, comme le signe du Taureau. Mais, situé en début de cycle, en début d'année, le Taureau reçoit de Vénus des influx en rapport avec l'amour physique, avec les élans du printemps. La Balance, qui se trouve après le point culminant du plein été (signe du Lion), reçoit de Vénus une influence moins ardente que gracieuse, moins passionnelle que tendre, moins énergique qu'éthérée, moins directe qu'affinée. C'est en élégance et non en chaleur que se traduit cette influence.

Le parfait équilibre physique apporté par l'influence de la Balance en ascendant au natif du Taureau est malheureusement soumis aux variations du psychisme. Les natifs de la Balance et ceux qui sont sous son influence ne sont pas des êtres forts ; il est possible que l'ascendant Balance détériore la solidité du natif du Taureau, et celui qui connaît son heure de naissance et sait qu'il est sous ascendant Balance doit être circonspect envers lui-même à cause de cet affaiblissement.

C'est une des plus grandes utilités de la connaissance de l'ascendant que de s'attendre ainsi aux nuances de sa propre personnalité et de s'en méfier.

Taureau ascendant Scorpion

C'est une vitalité particulièrement remarquable que le signe du Scorpion apporte à ses natifs. Lorsque le Scorpion est en ascendant pour un natif du Taureau, la force du Taureau est sérieusement augmentée. N'oublions pas que le Scorpion est à l'opposé du Taureau. En effet, sur le cercle qui représente la ceinture zodiacale, Taureau et Scorpion sont chacun à une des extrémités d'un même diamètre. Le Taureau est un commencement, le Scorpion une fin.

Signe de fin de cycle, le Scorpion apporte de l'agressivité. Il porte en soi un élément de fatalité et de mort. Le Taureau pur est bien loin de les posséder.

Le Scorpion est aussi un signe d'érotisme et de violence. Le Taureau est un signe de sexualité et d'affection.

On trouve entre ces deux signes une opposition qui apporte quelque désordre dans le psychisme du Taureau ayant le Scorpion en ascendant. Le Scorpion mettant d'abord l'accord sur les puissances obscures et dissolvantes, le Taureau se basant avant tout sur des sources de vie sur la force vitale, sur les commencements, il en résulte une dualité insoluble qui peut provoquer des états de crise de conscience chez le natif du Taureau qui a le Scorpion en ascendant.

Il va se trouver aux prises avec des idées compliquées, avec des revirements inhabituels; c'est pour lui une source de trouble; cette situation rend ses réactions tout à fait imprévisibles.

Savoir qu'il est né sous un ascendant Scorpion est, pour un Taureau dans cette situation, une réponse à de nombreuses questions qu'il se pose sur lui-même. Il peut s'expliquer certaines de ses propres attitudes qu'il n'a pas comprises d'abord et qui lui deviennent claires dans leurs motivations. Il sait désormais qu'il doit compter avec la dualité qui est en lui. Il ne doit pas laisser s'installer un doute, une inquiétude vers lesquels il est entraîné sans raison apparente, à partir du moment où il sait que ce doute et cette inquiétude proviennent d'influences disparates agissant sur lui à son insu. Il peut désormais s'attendre à l'étrangeté de ses réactions et ne pas s'en attrister. Qu'il se dise avec sécurité : « Je sais que toutes mes réactions ne sont pas justifiées ni enfants de la simple logique, car mon ascendant Scorpion m'induit en erreur et cherche à me pousser vers l'agressivité ou la dépression. Je le sais, donc je peux lutter. »

Le physique du natif du Scorpion est très différent de celui du natif du Taureau ; c'est donc que le signe zodiacal du Scorpion déverse des influences très différentes, et le natif du Taureau qui a le Scorpion en ascendant ne doit pas chercher en lui les aspects classiques des autres natifs de son signe solaire.

On reconnaît en général au Scorpion un nez très accusé ; ce n'est pas le cas chez le Taureau. Ce nez est surmonté de sourcils saillants et touffus à l'ombre desquels se cachent des yeux brillants. Encore une marque qui ne se trouve pas chez le Taureau. Chez ce dernier, le nez est plutôt court et droit.

L'ascendant Scorpion apporte au physique du Taureau certains traits qui lui sont particuliers. Il arrive que l'on ait un type au nez en bec d'aigle, au regard enfoncé et brillant, conservant toutefois l'importance de la bouche et du cou. Le natif du Taureau peut se retrouver avec le regard pénétrant, la poignée de main enveloppante, du Scorpion. Il reste mesuré dans ses propos, plus grave que le type pur du Taureau, et s'il présente de profondes différences avec les natifs de ce même signe, cela n'apparaît pas toujours à ses interlocuteurs; cependant, il diffère des natifs du signe pour les observateurs à l'œil aigu.

La démarche, l'allure générale sont celles du natif du Taureau de type pur; sa santé, en revanche, est moins solide, car, en raison de son ascendant, il peut commettre des excès que le type pur ignore. Contrairement aux autres natifs de son signe, le Taureau qui a le Scorpion en ascendant apportera peu d'attention à ses vêtements; il renoncera probablement à s'habiller avec élégance pour ses loisirs, et montrera un certain penchant pour les tenues sobres et très conformistes.

Taureau ascendant Sagittaire

Pour déchiffrer le sens et la nature des modifications apportées au type Taureau par l'ascendant Sagittaire, essayons de schématiser ce qui caractérise l'influence du signe zodiacal du Sagittaire sur ses natifs.

Le Sagittaire, c'est un centaure, un homme-cheval, qui porte en lui une dualité. Sa nature se répartit entre des caractéristiques psychiques élevées, correspondant à la moitié humaine du symbole et à l'élan de la flèche qu'il se prépare à tirer avec son arc, et une fermeté dans son appui sur le sol de ses quatre sabots, ce qui le rend très proche de la nature.

L'influence du signe du Sagittaire apporte une grande facilité de relations avec l'entourage (la flèche), le goût du déplacement et d'une certaine mobilité (le cheval), la perméabilité aux influences du milieu de vie (les quatre pattes), un sens inné de la solidarité humaine et un grand idéalisme (l'arc est dirigé vers le haut.) Le Sagittaire est sociable, il sympathise, il fréquente, il communique avec les autres, il les tient en bonne considération, les estime et les aide s'il le faut.

Dans le cas d'une évolution inversée, on a un individu d'esprit rebelle et indépendant, mais dont le psychisme est toujours élevé.

C'est le versant sympathisant, communicatif et humain de l'homme-cheval qui influence le natif du Taureau lorsque le signe du Sagittaire est son ascendant. Le sujet sera donc plus communicatif qu'on ne le voit généralement chez les natifs du Taureau, plus solidaire, plus sensible à la destinée des autres, tandis que les éléments de rébellion, s'ils apparaissent, ne pourront que troubler l'harmonie de sa personnalité. Le Taureau est volontiers conformiste et conservateur.

Le natif du Taureau sous l'ascendant Sagittaire acquiert donc plus d'ouverture, une vue plus ample des choses, surtout au plan social, avec la prise en considération de problèmes collectifs qui, habituellement, n'attirent pas les natifs du signe.

Au plan de l'aspect physique et de la physionomie, on s'accorde à reconnaître au natif du Sagittaire une figure du style dit « en lame de couteau », avec un profil convexe très accusé. Le nez est souvent busqué, saillant et long. Le personnage est longiligne dans sa jeunesse, plus étoffé à l'âge mûr. Sa démarche est rapide, affairée, procédant souvent par élans successifs.

Le fait de naître avec le Sagittaire en ascendant, apporte au Taureau un aspect extérieur plus fin, plus dégagé, avec un profil plus accusé et le nez plus saillant. L'allure générale reste forte et robuste, mais le pas est plus léger et les gestes plus rapides. L'idéalisme qui teinte ses réflexions se lit dans son regard, dans une certaine vivacité ailée qui lui fait diriger les yeux vers l'horizon plus que vers le sol comme c'est le cas chez le type pur du Taureau. La physionomie, toujours aimable chez un Taureau, est encore plus ouverte et bienveillante. Elle exprime un élan passionné dans certains cas et un puissant intérêt pour l'interlocuteur. Les contacts humains sont colorés d'une charmante urbanité, venue du cœur et qui réchauffe l'air, qui anime la conversation, qui facilite les échanges d'idées.

Un entrain fait de gaieté et de vivacité remplace la solennité du type Taureau pur.

Le Taureau avec ascendant Sagittaire songera moins à son confort personnel et davantage au bien-être de la société en général. Inspiré par le courant qui anime les derniers signes du cycle annuel, il se sent porté vers une vue large et généreuse du destin humain en général et social pour son entourage plus proche. Il devient plus patriotique, il se laisse facilement tenter par une politique populaire.

Taureau ascendant Capricorne

Le natif du Capricorne paraît au premier abord simple, net, sans détours, facile à comprendre, avec des intérêts nettement définis et clairement exprimés. Il semble pouvoir s'allier facilement à la personnalité du Taureau. En fait, il n'en est pas toujours ainsi et le Capricorne cache une partie de ses pensées comme l'animal qui le symbolise cache dans une coquille une partie de son corps.

Le natif du Capricorne est surtout un être qui se concentre instinctivement. Il recherche une certaine densité, accompagnée d'un dépouillement de tout ce qui n'entre pas exactement dans son programme strict. Il apprécie la solitude et n'aime pas qu'on parle de lui, encore moins qu'on l'analyse. Il lui importe peu qu'on l'imagine simple, linéaire, sans secrets et sans raffinements. Il lui suffit d'être tel qu'il se connaît et si les autres ne le comprennent pas, cela ne change rien à son style de vie ni à ses liens sociaux.

Ce sont là les traits que le signe du Capricorne donne à ses natifs; ce sont aussi ceux qu'il donne à ceux dont il est le signe ascendant, car ce ne sont pas des attributs statiques, mais des mouvements, des attitudes, des idées, des réactions.

Sur le type du Taureau tel qu'il se définit par son

signe solaire, l'influence de l'ascendant Capricorne s'imprime facilement et laisse des traces nettes et profondes. Sous l'influence capricornienne, le Taureau risque de devenir renfermé, sombre, dur, entêté.

Le Capricorne est tenté par une vie dépouillée, sobre jusqu'à l'ascétisme, se privant volontairement des biens matériels et de jouissances pour le simple plaisir de dominer ses entraînements. Le Taureau, qui apprécie la vie en épicurien, sera troublé par cette sorte d'influence venue de son ascendant et deviendra moins enclin à jouir de la gastronomie, de l'alcool et du tabac. L'inconvénient de ce trait réside dans l'absence possible d'ambition chez un Taureau avec ascendant Capricorne. Il va se résigner à un relatif immobilisme, à la stagnation de sa carrière professionnelle, trop facilement résigné aux injustices, contre lesquelles il protestera parfois en quelques mots, mais jamais très fort, et rarement auprès de la personne responsable. Or, déjà conservateur et conventionnel, le Taureau n'a pas besoin de ce frein.

Le Capricorne est un être robuste et tendant à une relative immobilité. Chez le Taureau, l'influence de l'ascendant de ce signe accentuera la force organique et ralentira les mouvements. Ce sera sans dommages et le natif ainsi inflencé sera parmi les êtres physiquement robustes et forts.

Le visage d'un natif du Capricorne est longiligne, avec le menton fin et parfois pointu, le profil convexe et fin, les yeux grands et parfois saillants. Si ce type physique est transmis au natif du Taureau par la présence du Capricorne en ascendant, il apportera un heureux équilibre au visage et une belle originalité à la physionomie qui sera plus fine, plus expressive.

Le tempérament général du Capricorne est nerveux, froid, sec, avec un corps souvent maigre, l'ossature forte et apparente, la silhouette longiligne. Ces marques seront apparentes sur le physique du Taureau et elles le seront beaucoup plus si le sujet est sous l'influence de

Saturne, planète qui apporte des caractéristiques du même ordre. Car il faut toujours tenir compte, en plus du signe solaire et du signe ascendant, des interventions diverses des planètes.

Le Capricorne est un signe de Terre, comme le Taureau. Le sujet sera un « terrien » jusque dans son style de vie et son aspect extérieur. Le Capricorne ne marche pas vite, mais d'un pas solidement et fermement posé ; le Taureau de même. Le natif du Taureau sous ascendant Capricorne aura des mouvements solides, sûrs et lents, avec la sagesse paysanne prise dans son sens le plus évolué et le plus haut.

Comme celui du natif du Taureau, l'abord du natif du Capricorne est parfois distant et un peu glacé. Cela n'apparaîtra pas remarquablement dans le cas du natif du Taureau avec ascendant Capricorne parce que tous les natifs du Taureau ont l'abord réservé, correct, conventionnel et posé.

Taureau ascendant Verseau

Le signe zodiacal du Verseau est représenté, comme le signe de la Vierge, par un symbole à forme humaine.

Au contraire, les autres signes, et surtout le Bélier et le Taureau, font appel à une imagerie animale. Le signe d'image animale possède généralement une plus forte vitalité que les autres et le signe du début d'année (l'année en Astrologie commence par le signe du Bélier) est plus dynamique que les autres. Le Verseau, l'avant-dernier signe du cycle annuel, se caractérise par une moindre vitalité.

En revanche, au fur et à mesure que s'avance l'année zodiacale, l'esprit de chaque signe s'élève en une évolution nettement dirigée vers l'ampleur de vue, l'altruisme, le sentiment collectif et l'idéalisme.

Le fait de naître sous le signe du Verseau et d'avoir le Taureau en ascendant apporte de sérieuses modifications au type initial; mais l'inverse ne se produit pas. Le Taureau est un type trop marqué de solidité, de fermeté, de force pour être grandement modifié par le Verseau, plus difficile à saisir dans son ensemble parce qu'il tend à se disperser dans l'atmosphère.

Qui est le Verseau? Celui qui reçoit et qui donne. Il reçoit des influences, des dons du ciel et de la nature et il ne songe qu'à en faire profiter ses semblables. Ce qui intéresse le Verseau, c'est le sort de toute l'humanité.

Avec le Verseau, presque à la fin du cycle zodiacal, l'individu ne se prend en considération qu'en raison de sa fusion dans la totalité des autres individus, ses semblables. Le natif du Verseau est partiellement détaché de la matière. Il est psychiquement transparent, fluide, aérien, tout en nuances et sans affirmation en force. Il ignore l'instinct et n'est mû que par les idées et les sentiments. La passion ne l'ébranle pas, elle l'anime, sans plus. Il ne hait point et n'éprouve pas de ressentiment, quoi qu'on lui fasse.

On voit mal quelle influence un être aussi ténu pourrait avoir sur la nature ferme, forte, assise, tenant au sol et au réel, du natif du Taureau. L'ascendant Verseau apporte au natif du Taureau la sociabilité. Le caractère est, dans ce cas, plus facile, plus agréable pour tous (car le Taureau est agréable pour ceux qu'il aime s'il ne l'est pas pour tout le monde). Dans certains cas, les tendances possessives du Taureau sont sublimées; le côté idéaliste et généreux du Verseau apparaît sous la forme d'une affectivité plus élevée qui, tout en prenant possession de l'être aimé, s'efforce de le hausser vers l'idéal et ne refuse plus de le laisser parcourir seul sa propre carrière et fonder son propre foyer. La mère abusive, pour parler clairement, fait place à une mère qui sait se sacrifier en donnant tout ce qu'elle possède en biens matériels et en force physique à l'enfant qu'elle aurait voulu garder près d'elle. Le Verseau est avant tout un signe de « don ».

Il est peu probable que la présence du Verseau en ascendant chez un natif du Taureau apporte d'importantes modifications morphologiques.

Le Verseau est souvent un asthénique, un nerveux, de constitution peu robuste ; un être plus délicat que fort. Et le Taureau de type pur est exactement le contraire...

D'un type à l'autre, les données sont beaucoup trop éloignées pour que l'on puisse prétendre distinguer physiquement, parmi les natifs du Taureau, ceux qui sont sous ascendant Verseau. Tout au plus peut-on le supposer dans le cas d'un natif du Taureau qui ne présente pas les caractéristiques de force, de poids, de lenteur, généralement attribuées à ceux de ce signe.

Taureau ascendant Poissons

Il est particulièrement curieux d'observer le retentissement que peut avoir sur la personnalité des natifs du Taureau le fait d'avoir le signe des Poissons en ascendant.

En effet, le signe des Poissons, qui est le dernier du cycle annuel zodiacal, représente le terme d'une évolution.

Le natif des Poissons tend à perdre une partie de son individualité pour se mêler à l'ensemble de l'univers. Il efface les frontières de la personnalité. Se dissoudre dans l'ensemble de l'humanité ne lui suffit plus, comme dans le cas du Verseau. Il lui faut tout l'univers. Car il se sent des attaches avec l'ensemble de la Création et ne rejette rien. Le signe des Poissons apporte un caractère réceptif, qui adopte, assimile, accepte tout ce qui se présente. Par ailleurs, le natif des Poissons est impressionnable, émotif, vulnérable. Ajoutons qu'il est souvent inspiré et qu'il résout les énigmes avec facilité.

Sous l'influence d'un ascendant Poissons, le natif du

Taureau voit sa sensibilité prendre un caractère diffus, imprécis. Il est facilement désemparé devant une nuée d'aspirations sans limites qui l'éloignent de ses premières tendances bien définies pour l'égarer dans plusieurs directions opposées. Il bénéficie de grandes améliorations lorsque, à sa force tranquille, le signe des Poissons ajoute une infinie sensibilité et un charme qu'il n'aurait pas sans cet ascendant un peu mystérieux.

L'ascendant Poissons, bien que manquant de l'énergie puissante des premiers signes du Zodiaque, apporte ainsi des modifications assez marquées au natif du Taureau qui se trouve sous son ascendant. Au physique, cependant, les modifications du type du Taureau sont moins évidentes.

Chez les natifs du signe des Poissons, on trouve aussi une certaine proéminence de la bouche. L'influence ne se fera pas trop remarquer sur les traits du visage. La différence sera surtout sensible dans les yeux et dans l'expression du regard. Le natif des Poissons se distingue au physique par ses yeux qui sont particulièrement étirés vers les tempes avec une vue latérale particulièrement développée. Le pur Taureau a, au contraire, le regard de face, et les yeux plutôt ronds qu'en amande. De plus, alors que le pur Taureau a l'œil vif, le regard précis, il perd cette acuité sous l'influence de l'ascendant Poissons et, parfois, regarde dans un vague indéfini qui surprend. C'est à cela encore qu'on décèle physiquement un ascendant Poissons chez un Taureau. Et, l'ayant décelé, on sait alors que l'idéalisme, le dévouement, les grandes pensées peuvent animer un tel Taureau.

Traité d'astrologie, *de Mohammed ibn Hasan el-Saoudi. Manuscrit turc de 1582.*

Troisième partie

Chapitre I

Le Taureau et l'amour

Je me suis efforcée d'étudier le plus complètement possible le natif du Taureau. J'ai voulu, avec vous, cerner sa personnalité, tenter de le définir, observer ses manisfestations face à la vie et face aux divers éléments de la société, qu'il soit de type pur ou influencé par son signe ascendant.

Seul, face à lui-même, le Taureau est, en principe, axé sur les règles de la vie et un point de vue personnel concernant sa place dans la société, que j'ai tenté de préciser. Je voudrais maintenant vous dépeindre son attitude, ses réactions face aux autres et plus particulièrement quand il est amoureux.

Les tendances qui se manifestent sont en harmonie avec ce que nous connaissons de la personnalité du natif du signe dans sa pureté. Il va de soi que les influences planétaires agissent et qu'il faudrait connaître pour chaque personne son ciel de naissance pour lui donner les précisions les plus détaillées.

Je vais donc m'en tenir aux généralités, mais, toutes les fois que ce sera possible, je m'efforcerai de préciser plus avant. Ce qui est dit ici n'en est pas moins important et utile. D'abord parce qu'il est toujours intéressant de posséder sur ses propres instincts, sur ses propres inclinations, des informations exactes et justifiées. D'autre part, quand vous faites connaissance avec un natif du Taureau, vous aimez bien savoir à quoi vous devez vous attendre et, notamment, si votre propre signe de naissance est en harmonie ou en dissonance avec le sien. Toutes ces informations ont leur utilité dans la conduite de la vie. Ceux qui s'y

---

Portrait de la Malibran par Delacroix, natif du Taureau

fient résolvent plus facilement leurs problèmes psychologiques.

Cette utilité se fait sentir dans le travail, dans les relations sociales, et plus encore dans les relations affectives. Lorsque l'amour semble devoir naître entre deux personnes, quelles sont ses chances de grandir et d'apporter le bonheur ? Quels sont les risques que courent les deux partenaires dans le cas où, par suite de leur signe de naissance, ils ne peuvent pas s'accorder définitivement ? Pour apporter à ces questions essentielles la réponse nécessaire, observons le Taureau aux prises avec le merveilleux trouble de l'amour.

Influencé par Mercure

Les natifs du signe du Taureau possèdent pour l'amour et pour la sexualité un don remarquable. N'oubliez pas que le Taureau est le second des signes du Zodiaque, donc un signe de printemps, de germination, de montée de la sève. Le Taureau, c'est le développement des bourgeons, la pousse des feuilles et des boutons floraux qui commencent à s'entrouvrir à la lumière comme autant de petits cœurs charmants qui s'entrouvent à l'amour.

Cependant, la sexualité et l'amour ne sont pas une seule et même chose et ne doivent pas être confondus. L'un et l'autre se complètent. On aurait tort d'éviter cette différenciation qui compte beaucoup pour les natifs du Taureau.

On remarque que le Taureau tend, dans ce domaine, à rechercher l'inhabituel; il semble attirer à lui des êtres exceptionnels et se mettre facilement dans des situations curieuses. Cela ne signifie pas que le Taureau soit un blasé, ayant besoin d'éléments étranges et d'émotions imprévues pour arriver à s'extérioriser. Mais on constate qu'il se trouve attiré plus volontiers pas des situations hors de la routine que par des cas tout à fait classiques. On suppose que cela tient à son esprit analytique qui perçoit trop vite toutes les faces possibles d'une aventure banale et s'y ennuie.

Si on dresse la liste des douze Maisons en attribuant au Taureau la Maison I, on a ceci :

Maison	I	Vitalité et réalisations
Maison	II	Le point de vue matériel, les biens
Maison	III	Environnement, influences secrètes
Maison	IV	Les parents
Maison	V	La vie affective
Maison	VI	La santé
Maison	VII	La vie conjugale
Maison	VIII	L'extérieur et les imprévus
Maison	IX	Evolution dans la vie et voyages
Maison	X	La situation sociale
Maison	XI	Amitiés et protections
Maison	XII	Épreuves et inimitiés cachées

Et, d'autre part, la correspondance des douze Maisons en attribuant la Maison I au Taureau :

Maison	I	Taureau
Maison	II	Gémeaux
Maison	III	Cancer
Maison	IV	Lion
Maison	V	Vierge
Maison	VI	Balance
Maison	VII	Scorpion
Maison	VIII	Sagittaire
Maison	IX	Capricorne
Maison	X	Verseau
Maison	XI	Poissons
Maison	XII	Bélier

La première liste indique que la Maison de la vie affective est la Maison V. Dans le cas du natif du Taureau, la Maison V correspond au signe de la Vierge.

La Vierge est un signe qui est gouverné par la planète Mercure. On peut donc dire que, chez le Taureau, l'amour est sous l'influence de Mercure (l'esprit d'analyse).

Le natif du Taureau a un appétit particulier pour les émotions profondes; elles lui sont agréables; il les apprécie; elles peuvent parfois le conduire à peser sur son partenaire. Alors ce désir commence à devenir pénible pour ceux qui l'aiment.

L'influence de Mercure donne un esprit très critique. Cette attitude apporte aux natifs du Taureau une très forte tendance à analyser, à décomposer les sentiments éprouvés, ainsi que ceux que l'on éprouve pour eux.

On ne peut pas dire que l'amour gagne à cette espèce de désossage méthodique. Cela n'est jamais favorable au développement d'un sentiment durable. La sensibilité du partenaire peut fort bien ne pas supporter cette attitude d'entomologiste observant le comportement des fourmis; il est des réactions et des élans qui sont freinés par la sensation qu'un œil géant les décortique au microscope. Quelle que soit la délicatesse d'un Taureau, il peut toujours commettre cet impair et regretter ensuite de voir s'éloigner la personne aimée.

Cependant, un bon Taureau connaît le remède aux peines qu'il lui arrive de causer ! Il est très sensuel et possède une grande capacité d'aimer. Avec ces deux traits, que ne peut-on faire !

Le Taureau est toujours en quête d'émotions profondes, car, pour lui, la sexualité ne peut pas être un fait isolé. Il a besoin de se sentir attiré affectivement, intéressé. Mais, en mêlant ainsi aventure sexuelle et accès passionnel, il risque de réduire au niveau de la brève rencontre ce qui était en train de devenir très important.

Il analyse trop ses sentiments et ceux de son partenaire pour qu'il reste la moindre spontanéité dans ses élans. Ceci tient à l'influence de Mercure, qui accable d'éléments intellectuels une sexualité qui s'en serait fort bien passé.

Jusque vers la moitié de notre XXe siècle, on avait pour habitude dans les bons romans, de laisser une ligne de points de suspension expliquer ce qui se passait entre les jeunes protagonistes lorsqu'ils parvenaient à un tête-à-tête amoureux. Le Taureau devrait s'en tenir là, sans trop chercher à en savoir plus.

Une telle lucidité amuse parfois le partenaire; parfois elle lui ôte tous ses moyens d'expression; enfin, il est des fois où elle l'irrite : le Taureau doit alors mettre en jeu toutes ses séductions – et il n'en manque pas, l'aimable monstre ! – ses inventions et sa gaieté pour réparer son erreur. Donc, Taureaux qui me lisez, faites attention : évitez de chasser l'amour par votre esprit critique.

Physiquement, un Taureau est surtout attiré par les natifs de la Vierge et des Poissons; le Scorpion l'excite et le provoque; le Bélier l'intrigue et l'attire; il est en harmonie avec un Capricorne.

Dans le domaine de la sexualité, le Taureau est si vigoureux qu'il a des appétits puissants et que cela se répercute sur son attitude. Mais son habitude d'analyser, de juger, de comparer lui fait perdre de nombreuses occasions qui auraient pu devenir autant d'unions définitives. De plus, un Taureau est toujours fondamentalement possessif et jaloux. C'est un trait de caractère qui nuit parfois au déroulement favorable d'une liaison.

La sexualité du Taureau

Sa position sexuelle est profondément normale et saine. Le Taureau est plutôt direct; il dit ce qu'il pense sans détour. Il reconnaît volontiers que la sexualité fait partie intégrante de la vie, mais qu'elle n'est pas tout.

Un Taureau apprécie surtout le confort et les biens matériels. Il aime faire partager à ses partenaires les repas fins et les décors agréables qu'il s'efforce toujours de réaliser pour se sentir dans l'ambiance qui lui convient le mieux. Ce désir de partager les choses agréables de la vie met en valeur le naturel affectueux du Taureau.

Fondamentalement loyal comme tout être naturel et sain, le Taureau rencontre souvent des déceptions qui viennent de ce qu'il a tendance à croire que ses partenaires sont aussi sincères que lui. Il cherche alors à se venger, car, si le Bélier a des colères éclatantes et les oublie vite, le Taureau, lui, supporte de nombreuses contrariétés, des manquements graves avant de se fâcher. Mais une fois irrité, il le sera longtemps et fera même preuve d'une certaine rancune.

Un bon vivant

Un vrai Taureau réunit dans les plaisirs de la vie la bonne chère et la sexualité. C'est pour lui une chose naturelle. Tous les sens doivent trouver leur satisfaction. Dans le but de satisfaire ses goûts à la fois directs et délicats, le Taureau ne court pas les aventures, mais recherche des partenaires sains et bien équilibrés, quoique parfois originaux et se trouvant dans des situations compliquées.

Il ne se vante jamais de ses conquêtes; sa jouissance n'est pas là, mais dans la réalité de son plaisir.

Dès qu'il est heureux, le Taureau grossit; triste, il maigrit.

Lorsque le Taureau traverse une période de trouble psychique, il cesse de s'intéresser à la nourriture.

Il est difficile, sinon impossible, de forcer un Taureau à se livrer à telle ou telle action, à modifier ses opinions, à revenir sur ses décisions... sauf si c'est un membre du sexe opposé qui le demande, pourvu qu'il soit raisonnable et sache faire comprendre que c'est la tendresse seule qui inspire ses conseils.

Le Taureau a un besoin absolu d'affection. Il est sentimental et il unit dans son cœur amour et tendresse, plus que sexualité et amour. Il faut peu de choses, enfin, pour lui faire admettre qu'il existe une trinité du bonheur et qu'elle peut s'exprimer : amour, affection, sexualité.

En réalité, on peut se tromper sur les sentiments des Taureaux parce qu'ils ne sont pas très démonstratifs. Un Taureau peut se noyer dans de longues périodes de silence, mais cela n'implique aucunement qu'il n'apprécie pas d'avoir un compagnon, une compagne. Ce silence reste le plus souvent inexpliqué; si c'est l'homme qui est « Taureau » et sa femme d'un autre signe, cette dernière se sentira désespérée devant l'attitude de son mari. Il y a là une tendance sur laquelle les Taureaux doivent veiller. Si, à l'inverse, c'est une femme Taureau qui se plonge dans ce silence, son mari sera frappé et se posera des questions.

Le Taureau a le don de commettre des erreurs et de mal placer son affection. Il choisit impulsivement et n'utilise pas, dans ce domaine, la lenteur réfléchie qu'on lui connaît par ailleurs et que, parfois on lui reproche. Il se laisse entraîner, dans le domaine de l'amour, par l'attrait physique qui répond à son besoin de rapports sexuels satisfaisants; dans sa hâte, au lieu de tenter simplement une expérience, il se précipite dans l'absolu et donnerait aussi bien toute sa vie pour un moment de plaisir.

Le Taureau, s'il veut être comblé en amour et fonder un foyer heureux, doit d'abord éviter une tendance légèrement masochiste, qu'il a d'instinct, de choisir un partenaire qui critique ses habitudes; car ses habitudes, le Taureau ne les changera pas, il devra plutôt se résoudre à changer de partenaire, ce qui n'est jamais bon. Il doit éviter avec le même soin un partenaire qui, au contraire, soit d'une complaisance absolue et accepte tout, car alors, le Taureau n'aura plus le moindre amusement; et l'ennui ne tardera pas à s'installer dans son foyer. Et l'ennui, pour un Taureau, c'est le pire des maux.

Amoureux du confort

Il faut reconnaître au Taureau des goûts de confort et d'élégance qui ne sont pas toujours faciles à satisfaire. Il aime tout ce qui rend la vie agréable. S'il aspire à la fortune, c'est souvent pour satisfaire ses goûts de luxe. Pour lui plaire, il faut être élégant et disposé à suivre ses sorties amusantes, mais surtout coûteuses.

En société, le Taureau est toujours un hôte agréable, très civilisé et aimant les contacts humains. Il est très cordial et très affable. Tout cela dure tant qu'il s'agit de relations purements mondaines et de courtoisie. Si l'on passe sur le chapitre des intérêts d'argent, des affaires ou du travail, un changement s'opère : le Taureau devient précis, opiniâtre, dur, voire intraitable.

Ce qui contribue le plus au charme du Taureau, ce sont ces dons artistiques, sur lesquels on n'insiste pas assez en général. Il s'avère toujours un amateur éclairé et sait parfaitement bien choisir ou apprécier une œuvre d'art. Il en sait aussi long sur un excellent vin ou sur un restaurant exceptionnel. Il parle avec autant d'enthousiasme et de compétence d'un morceau de musique classique ou moderne, et discutera cinéma ou danse toujours avec brio.

Pendant des mois il sera rude et strict dans son travail, mais, de temps à autre, il s'accordera des satisfactions extrêmement délicates et toujours coûteuses : trois jours à un festival couru, une semaine de croisière, un séjour en montagne, etc.

Les amis du Taureau aiment lui confier leurs problèmes parce qu'il règne dans son proche entourage une ambiance de détente confortable. On a souvent l'impression que le Taureau n'a pas de soucis, comme tant d'autres personnes. On prétend souvent qu'il n'est pas de très bon conseil, que ce qu'il dit n'a pas grande valeur, ou qu'il se place toujours sur le plan matériel et pratique. Il est vrai que les gens qui ont besoin de conseils manquent justement d'esprit pratique, c'est peut-être pour cela qu'ils trouvent que le Taureau en a en excès.

Des besoins coûteux

Ce portrait du Taureau s'adresse plus spécialement à tous ceux qui veulent le connaître sur le plan de la vie privée et souvent pour envisager des chances de bonheur dans une union avec lui (ou elle). Sachez donc, à ce point de vue très particulier, mais tout à fait essentiel, que, pour vivre comme le souhaite un Taureau, il faut beaucoup d'argent. Il est l'opposé du dépouillement. Il tent plutôt vers la pléthore. C'est un animal confortable.

Il souhaite une vie coûteuse, mais il s'attache à se procurer les ressources nécessaires pour y parvenir. C'est pourquoi son partenaire ne doit pas s'offenser de le voir consacrer énormément de temps à sa vie professionnelle et énormément d'intérêts aux biens matériels, dont il a un besoin quasi vital.

Il faut accepter ce trait de caractère en sachant que l'on en tirera soi-même profit, car la vie avec le Taureau ne sera jamais une existence de restrictions.

D'autre part, le fait que les natifs de ce signe sont sous l'influence de la planète Vénus doit rassurer ceux qui s'engagent avec l'un d'eux en amour : sur ce plan, le Taureau est doué et protégé. S'il met un certain temps à reconnaître qu'il est amoureux, il est, en revanche constant et fidèle au-delà de tout ce qui se se peut espérer.

Un Taureau ne répond donc pas immédiatement à l'élan de son cœur et pourtant les hommes et les femmes de ce signe sont réputés commettre de grosses erreurs. Il est possible que ces erreurs viennent de la simplicité de sentiment du Taureau qui croit, à l'aube de chaque aventure, que c'est une aventure éternelle. Il aime chaque fois pour toujours. Sûr de cette prédestination de son amour, le Taureau, homme ou femme, devient alors insupportable pour son partenaire qui n'est pas encore définitivement acquis et n'apprécie pas qu'on lui force la main. A cet instant, ce partenaire ne rêve plus que de s'esquiver, et c'est ce qu'il fait généralement, laissant le sincère et pur Taureau étonné et déçu. Et le Taureau se dira une fois de plus qu'il s'est encore trompé.

Taureau qui me lisez, il faut rectifier ce trait de caractère qui vous nuit dans la construction d'une véritable vie affective et d'une union basée sur l'amour et la confiance. Pour cela, luttez contre votre éternel entêtement. Dès que vous constatez que le partenaire aimé est bien l'être de votre vie, demeurez près de lui, mais ne tentez pas de lui faire dire trop tôt qu'il est d'accord avec vous. Et si vous voyez que vous vous êtes égaré et avez misé sur le mauvais cheval, retirez la mise : ce n'est vraiment pas nécessaire d'être persévérant. Ainsi pourrez-vous remédier à ce qui, chez vous, devient parfois une entrave au bonheur.

Lorsque tout prouve au Taureau qu'il a effectivement rencontré l'âme sœur, lorsqu'il est certain que le mariage s'impose, il n'a de cesse d'obtenir de son partenaire ce consentement. Cependant, si son partenaire n'est peut-être pas tout à fait décidé, le Taureau risque de manifester dès cet instant la jalousie possessive qui le caractérise et qui fait s'enfuir d'effroi le partenaire.

En bref on pourrait dire que, dans l'amour, les natifs du Taureau, hommes et femmes, veulent ce qu'il y a de meilleur, mais sont finalement disposés à accepter quelque chose de bien inférieur. Il arrive ainsi que la tendresse annule les exigences de la sexualité.

Ce sont des gens qui ont besoin de faire des expériences. S'ils s'unissent définitivement avant d'avoir accompli ces explorations, il faudra bien qu'ils cèdent à leur besoin de variété en donnant quelques coups de canif, en définitive assez anodins, dans le contrat de mariage.

Que leur conjoint le leur pardonne et tout rentrera dans l'ordre.

Un Taureau est doué d'un grand pouvoir d'apaisement. En cas de crise, il est toujours en mesure de faire admettre à son partenaire que tout ira bien par la suite et l'autre ne demande qu'à le croire.

Un Taureau est toujours désireux d'obtenir de son partenaire un total abandon. Mais en lui demeurent certaines inhibitions dont il préfère ne pas parler.

Un Taureau a tendance à lier les questions sexuelles à l'amitié. C'est assez curieux, mais, pour le comprendre, il faut cesser de séparer la trinité dont je parlais : amour, affection, sensualité. Peut-on être ami avec un amant ? Le Taureau répond par l'affirmative.

Le Taureau a été souvent accusé de faire passer les problèmes d'argent avant les problèmes de sentiment. Il faut se rendre à cette évidence : sans ce confort dont il a un besoin vital, le Taureau n'est pas vraiment heureux. Il place donc avec méthode en premier lieu la réalisation des conditions du bonheur et, en second lieu, le fait de l'existence dudit bonheur; c'est son point de vue et si l'on veut se faire aimer d'un Taureau, il ne faut pas refuser de voir les choses sous cet angle réaliste.

Cet amour du confort ne pousse jamais, pourtant, un Taureau à se marier par intérêt. Il appartient à la catégorie de ceux qui partagent; il ne sera jamais heureux d'être uniquement quelqu'un qui reçoit; il veut donner à son tour.

Un grand sentimental

Bien que les Taureaux paraissent à première vue gouvernés par leur sexualité, ce sont, en fait, des sentimentaux. Leurs sentiments sont très profonds et très intenses.

Les Taureaux sont des possessifs qui n'aiment pas se l'entendre dire : c'est une observation qui les contrarie. Pourtant, le fait est là.

Dans les rapports sexuels, le Taureau recherche le plaisir plus que l'excitation. Après l'amour, il apprécie l'analyse et ses commentaires ne sont pas toujours bien accueillis par des partenaires qui n'apprécient pas d'« en » parler.

En amour, le Taureau est très doux et très sensible. Il fera tout ce qui est en son pouvoir pour donner le plus grand bonheur possible à l'être aimé, mais les difficultés commenceront dans le dialogue. Il pose des questions que certains trouvent gênantes : pourquoi ceci et non cela ? Cela est-il bon ? Meilleur que ceci ? Moins bon ? Pourquoi ? En quoi cela n'a-t-il pas l'effet attendu ?...

Il est des partenaires qui préfèrent s'exprimer autrement que par des mots.

Le Taureau, quoi qu'il en soit, est dans l'impossibilité d'accepter une vie sans amour. Il recherche l'amour comme le voyageur égaré cherche l'eau dans le désert ! Aussi, quand il le possède, devrait-il faire tout ce qui est possible pour le conserver et ne pas s'amuser à décortiquer, par ses questions, les réactions de son partenaire.

Une fois que le Taureau aura accepté de renoncer à pousser trop loin l'analyse et de se limiter à ce qui est bon goût et réserve, il sera revenu sur la bonne voie; il aura accompli un pas de géant dans la direction de son bonheur.

Ces conseils sont d'ordre général, mais on peut considérer que les attitudes respectives des hommes et

---

Jacques Dutronc.

des femmes ne sont pas rigoureusement les mêmes et que chacun se manifeste avec les particularités propres à son sexe. On peut les étudier séparément.

L'amour et le mariage sont choses assez importantes pour que l'on s'y attarde encore un peu.

CONSEILS AUX HOMMES CONCERNANT LES FEMMES NATIVES DU TAUREAU

Si vous êtes épris d'une femme native du signe du Taureau, il faut que vous la connaissiez bien pour ne la point heurter et pour lui donner le bonheur qu'elle attend de vous.

Il est nécessaire que vous sachiez d'abord que la native du Taureau apprécie en l'homme la force, l'énergie, l'autorité et la capacité de diriger. Elle semble forte, mais elle préfère que ce soit vous qui exerciez la force.

Si elle manifeste quelques caprices, il sera bon de céder sur certains points pour lui faire plaisir; mais il faudra aussi rester fermement sur vos positions en d'autres points, car elle doit sentir que vous êtes capable de volonté, vous aussi. Si vous étiez trop faible, trop facilement consentant, elle risquerait de vous retirer son estime et sa considération. Et si elle vient à vous mépriser, toutes vos chances de bonheur seront perdues à jamais.

Elle n'apprécie absolument pas la fragilité. Certaines femmes, nées sous d'autres signes, se font volontiers maternelles pour consoler un homme. Ce n'est pas le cas de la native du Taureau. Pour elle, l'homme doit être fort; il console, mais n'a pas besoin de se faire consoler ni dorloter.

Une native du Taureau, comme tous les natifs, hommes et femmes de ce signe, apprécie le luxe et le confort. Elle aime les belles choses, les étoffes douces et moelleuses, les meubles solides et beaux, les jardins bien soignés. Pourrez-vous lui donner cela ?

Il le faut pour son épanouissement. Il le faut, même si vous devez consacrer à votre travail professionnel et à vos ambitions un temps que vous auriez aimé lui réserver. Elle vous saura gré de vos efforts et vous en témoignera sa reconnaissance par encore plus d'amour.

Sur le plan sexuel, une native du Taureau est en mesure de donner les plus grandes satisfactions à son mari. Elle sera toujours bien disposée. Que son mari exprime clairement ce qu'il désire, elle sera très coopérative. Elle est capable de se révéler entraînante, apaisante, tentante, charmante et vous préparera de rayonnants souvenirs.

La native du Taureau est séduisante et sexuellement attirante. Elle peut manquer d'esprit, elle ne manque jamais de charme. Elle est en mesure de communiquer à son partenaire une incroyable gamme d'émotions. Mais il faut gagner ce que l'on désire; il faut donner à madame Taureau la tentation de l'accorder. Il ne faut jamais la forcer. Avec elle, ce serait la pire erreur.

Il est préférable d'avoir madame Taureau comme alliée que comme adversaire.

CONSEILS AUX FEMMES CONCERNANT LES HOMMES NATIFS DU TAUREAU

Le Taureau veut toujours et partout ce qu'il y a de mieux en toute chose. Que cela ne vous incite pas à penser qu'il est en mesure de sacrifier des fortunes à la satisfaction de ses goûts; il n'y sacrifie que ce dont il peut disposer. Il est très équilibré. C'est un homme pratique et réaliste qui sait toujours où il va et comment il réglera son loyer ou ses impôts.

Il est doué d'un robuste appétit, qu'il s'agisse des plaisirs de la table ou que l'on étende cette expression aux plaisirs sexuels. C'est un personnage qui ne sait pas se contenter de promesses : il lui faut des

réalisations. Ne soyez donc pas coquette avec lui si vous n'avez pas l'intention de jouer le jeu jusqu'au bout.

Vous, madame, qui voulez faire votre bonheur avec un Taureau, vous devrez surveiller quelque peu son style de vie et veiller à ce qu'un raisonnable équilibre le maintienne en bonne condition.

Pour qu'il soit heureux, vous devez être l'un et l'autre en pleine forme et en bonne santé. L'obésité le guette.

Il se donne des airs rudes et ne recule pas devant les expressions brutales et crues : ne le suivez pas dans cette voie; il n'apprécierait pas du tout les vilains mots sur vos jolies lèvres.

Il ne vous fera pas une vie quotidienne facile. Il sera trop occupé par son métier; il restera parfois plus silencieux que vous ne le voudriez et, jaloux, il éclatera, d'autres fois, en colères spectaculaires. Mais, foncièrement, il est gai, équilibré, simple, net, sain, facile à comprendre, facile à satisfaire quand on l'a compris.

Il sera toujours le plus solide appui et vous pourrez toujours compter sur lui; c'est un fort; loin d'être parfait, il est bien l'homme que les jeunes filles imaginent dans leurs rêves. Il est en mesure de vous apporter à la fois la sécurité matérielle et la sécurité affective. Que demander de plus ?

Seul un Taureau très évolué admet sans rechigner que s'il peut penser que sa maison est bien à lui, sa femme, elle, conserve une part de libre-arbitre.

On peut dire que ce sentiment ne fait pas partie intégrante de son être; c'est comme un élément résiduel.

Monsieur Taureau est un excellent père de famille. Traditionnaliste et conformiste, il possède un grand sens des valeurs morales. Il est même plutôt sévère, mais sa famille reconnaît volontiers qu'il prêche encore plus par son exemple que par ses paroles.

Jean Gabin.

Chapitre II

Monsieur et madame Taureau devant un natif d'un autre signe

> « La fontaine tout en marbre
> Qui coule entre les arbres,
> La fontaine tout en bois
> Où tout le monde boit... »
> CHARLES TRENET.

Madame Taureau devant monsieur Taureau

Le Taureau a des relations harmonieuses avec un Poissons, un Cancer, une Vierge, un Capricorne. Avec un autre Taureau, il y aura un grand courant de sympathie. Cependant, chacun, ne connaissant que trop bien ses faiblesses, ne risque-t-il pas de deviner celles de l'autre et de craindre de le heurter ? Il peut en résulter une hésitation réciproque qui retardera énormément le seuil des véritables satisfactions.

Chacun des deux partenaires sait que lorsque deux personnes tiennent essentiellement l'une et l'autre à suivre leur route personnelle, il leur sera extrêmement hasardeux de tenter de faire route ensemble. Les deux Taureaux auront ensemble de nombreuses occasions de s'amuser, d'échanger des remarques pertinentes et d'être heureux; mais l'expérience peut fort bien tourner court.

Par ailleurs, si les deux Taureaux réussissent à s'accorder, si leurs tendances sont parallèles et s'ils acceptent de choisir la même route, les choses peuvent se dérouler très bien. Ce sera le cas si la rencontre a lieu entre deux Taureaux très évolués et possédant un certain self control.

Mireille Darc.

Monsieur Taureau devant madame Taureau

Monsieur Taureau sera tout disposé à apprécier à sa juste valeur l'efficacité de madame Taureau, sa bonté chaleureuse, son intelligence sur le plan professionnel, et sa faculté réelle de gagner de l'argent. Sur le plan sexuel, leur entente sera étonnante. Chacun se donnera secrètement pour tâche de procurer mille délices à l'autre. Comme chacun sera doué pour ce genre d'entretien, il en résultera une parfaite harmonie qui, étant donné les principes des Taureaux, sera complétée sur le plan sentimental et celui de l'affection amicalc. Nos deux Taureaux ont tout ce qu'il faut pour former un couple uni. Encore faut-il qu'ils se rencontrent et que, le hasard les ayant mis en présence l'un de l'autre, ils veuillent tenter l'expérience. Une ombre à ce tableau idyllique : le Taureau n'est pas toujours en état de dynamisme et ses périodes de calme et de silence peuvent ne pas correspondre avec celles du partenaire.

Monsieur Taureau est un maître de maison qui adore inviter ses amis et ses relations : il sera ravi de la façon dont sa femme les recevra.

Les dons de maîtresse de maison de madame Taureau, d'ailleurs, ne seront pas réservés aux amis et et relations : elle sait fort bien ménager de charmantes soirées à deux et son mari, rentrant chez lui écœuré par la vie professionnelle, peut s'attendre à retrouver dans un foyer bien à son goût tous les éléments propres à le ramener au calme optimisme qui est le sien. Comme il sera fier de sa femme, il l'aimera d'autant plus.

Un couple idéal ? Est-ce que cela existe ? Vos amis pourront le penser devant vous, M. et Mme Taureau. Ils n'ont pas lieu de connaître vos problèmes personnels, sur lesquels les Taureaux sont toujours très discrets. Mais la jalousie de monsieur Taureau risque d'apporter quelques nuages dans ce ciel serein. Et comme madame Taureau n'est certes pas exempte de ce sentiment, il y aura des éclairs orageux, de temps à autre.

Ils ont, l'un et l'autre, un grand sens moral, mais ils ne peuvent pas s'empêcher d'être injustes et d'accorder, madame aux femmes, monsieur aux hommes, une indulgence déraisonnable face à la sévérité qu'ils réservent au sexe opposé.

En fait, les scènes qui peuvent éclater entre eux ne sont pas très graves parce qu'elle n'ont pas une réelle profondeur. Tout à fait au fond d'eux, persiste la certitude que le partenaire est, en somme, correct. Chacun d'eux, en refusant énergiquement de l'avouer, reste tolérant et admet les faiblesses de l'autre. C'est pour cela que deux Taureaux peuvent toujours se marier et compter sur une réciproque fidélité, sur une loyauté de vrais amis et sur une harmonie sexuelle quasi parfaite.

Madame Taureau devant monsieur Bélier

On s'accorde à considérer que les natifs de ces deux signes voisins ne sont pas faits pour s'entendre. A mon avis, il est inutile d'exposer de telles considérations; si, astrologiquement, des éléments s'y opposent, sur le plan humain il n'en est point que l'amour, s'il est profond et sincère, ne puisse dominer. On se donnera peut-être un peu plus de mal et voilà tout.

Je l'ai dit en traitant le problème es Béliers, chaque cas est particulier et rien jamais n'empêchera des messieurs Bélier de rencontrer des dames Taureau et de les aimer...

Les qualités et les attitudes qui leur sont communes font que monsieur Taureau et madame Bélier risquent de se heurter; mais on doit admettre qu'ils ont au moins autant de chances de se mieux comprendre.

Madame Taureau, vous êtes énergique et il se peut

que vous tentiez l'épreuve de force avec monsieur Bélier dès que l'occasion s'en présentera. Vous auriez tort de le faire, mais qui pourrait vous en empêcher ?

Monsieur Bélier ne supportera en aucun cas d'être dominé. Dans nos pays, la tradition accorde à l'homme la force physique, l'autorité et à la femme la force morale et l'obéissance. Si vous jouez le jeu, vous retrouverez bientôt toute votre liberté d'action, car un Bélier n'est jamais persévérant...

L'un et l'autre, vous êtes de ceux qui donnent, au plein sens du terme ; ainsi, après avoir résolu, sans y paraître, l'épreuve de force qui ne manquera pas de vous tenter, vous pourrez, sans manquer de fierté à vos propres yeux, vous laisser aller à votre générosité.

Sur le plan de l'amour, monsieur Bélier est excessivent pudique. Il a horreur des démonstrations de tendresse ; il craint que sa virilité n'en soit affaiblie et qu'il ne se trouve définitivement asservi à sa partenaire. C'est à vous de lui prouver qu'il reste à vos yeux aussi énergique et viril qu'il le souhaite en acceptant vos cajoleries. Il le croira volontiers si vous lui permettez de tenter l'expérience, séance tenante ! Vous allez lui apprendre qu'en amour recevoir c'est encore donner, et donner c'est toujours recevoir, car on ne sait pas encore, depuis qu'il existe et qu'on en parle, si le plus grand bonheur est pour celui qui donne ou pour celui qui reçoit !

Votre union étant affermie sur le plan affectif et sur le plan sexuel, vous admettrez alors beaucoup de choses et, en particulier, que vottre opiniâtreté soit utilisée à achever tout ce que commence votre monsieur Bélier, bondissant, à son habitude, d'un projet à l'autre. Les changements perpétuels d'installation qu'il vous proposera cesseront de vous affecter.

Monsieur Taureau devant madame Bélier

Si un Taureau devait passer toute sa vie sans aucun être humain auprès de lui, est-ce à une dame Bélier qu'il demanderait de partager sa solitude ?

Monsieur Taureau, vous êtes fort; vous êtes bien installé dans votre façon de voir, bien appuyé sur votre lopin de terre. Vous allez vous trouver avec une dame Bélier qui ne veut pas se tenir immobile, même dans le luxe et le confort; elle veut toujours avancer.

Vous accorderez une grande importance à la poésie, à la musique, à la peinture, à la danse et vous allez tenter de faire partager à madame Bélier vos goûts éclectiques, mais éclairés.

Madame Bélier a toujours été dynamique et rapide et elle a toujours aimé rêver à ce que serait son amour, l'homme de sa vie. Elle a toujours espéré qu'il serait aussi enthousiaste qu'elle. Vous devez vous réveiller et devenir un peu plus vif pour lui plaire. Elle est aussi chaleureuse et passionnée que vous-même et ce sera certainement votre meilleur terrain d'entente que ce désir de donner, de plaire, d'aimer et cette science sexuelle innée qui vous fera partager à deux des heures inoubliables.

Avec madame Bélier, monsieur Taureau, vous deviendrez plus vif, plus rieur et vous pourrez être extrêmement heureux.

Madame Taureau devant monsieur Gémeaux

Qui est monsieur Gémeaux ? Un personnage vif et léger, divers et attrayant, charmant et spirituel.

Le signe des Gémeaux habite, madame Taureau, votre Maison II. La Maison II concerne les acquisitions, les biens, la fortune. Elle se rapporte aussi à la concrétisation des aspirations du sujet. Vous le sentirez dès votre premier contact avec Monsieur Gémeaux. Vous devinerez que vous pouvez lui parler de vos ambitions, de vos acquisitions, de vos collections.

Il y a un petit obstacle : il vous sera difficile de vous sentir sexuellement excitée par un natif des Gémeaux; vos rendez-vous se passeront d'abord en conversations. Vous trouverez toujours des sujets de discussion aimables, des projets à échafauder à deux, des opinions à échanger et à partager, des idées communes qui se révéleront exploitables.

Monsieur Gémeaux ne semble pas correspondre à ce que vous attendez de l'homme idéal, mais il est plein de charme et si ce n'est pas le coup de foudre, ce sera le plaisir que vous prendrez à vos entretiens qui vous conduira à l'amour.

Votre planète, madame Taureau, est Vénus. La planète de monsieur Gémeaux est Mercure. Vous devez apprécier la différence : il pense et vous aimez.

Vous êtes douée pour la réceptivité active. Tandis qu'il parlera, vous saurez non seulement écouter, mais tirer profit de ce qu'il vous enseignera. Il donnera et vous recevrez. Et puis, l'équilibre se renversera. Ce sera donc à votre tour de donner et à son tour de recevoir. Comme chacun donne ce qu'il a, vous allez lui donner de l'amour, car vous en avez, et de la meilleure qualité. Il faut que vous acceptiez cette sorte de répartition car, si vous résistez, il n'insistera pas : ce sera la fin du dialogue Gémeaux-Taureau.

En fait, à partir du moment où les autres qualités de monsieur Gémeaux paraissent devoir le rendre supportable près de vous toute une vie, vous auriez tort de le laisser partir. Après tout, votre union avec lui sera la garantie de la bonne santé de votre compte en banque.

Monsieur Gémeaux n'est ni très persévérant, ni très patient; c'est encore vous qui aurez à faire le premier pas en cas de dissentiment. Par conséquent, si vous ne vous sentez pas disposée à ces concessions, faites de monsieur Gémeaux votre conseiller financier, mais ne l'épousez pas.

Monsieur Taureau devant madame Gémeaux

Madame Gémeaux est une personne qui aime flirter, et vous aimez cela vous aussi, monsieur Taureau ! Pendant la période où vos sentiments seront encore superficiels, vous pourrez persuader madame Gémeaux que vous êtes l'homme qu'il lui faut. Sans doute mettrez-vous un peu plus de temps à vous faire une opinion sur elle, mais il ne tient qu'à vous de vous y prendre un peu plus tôt. Sachez que vous plaisez tout de suite à madame Gémeaux : elle devine que vous serez l'homme appelé à stabiliser ses humeurs qui ne cessent d'aller de l'extrême joie à la plus profonde tristesse sans que vous sachiez toujours pourquoi.

Vous allez vous laisser envoûter par la joyeuse vitalité de madame Gémeaux et par sa beauté ; elle se laissera conquérir encore plus vite par votre énergie sans prétention et cette solidité que vous portez en vous et qui n'est certainement pas un vain mot.

Sociables l'un et l'autre, vous deviendrez vite son seigneur et maître, qu'elle veuille on non ce style de vie ; elle l'acceptera parce qu'elle vous aimera et qu'elle vous prendra en bloc, sans songer aux points de détail.

Elle saura tenir votre maison et vous donner l'impression d'y régner en maître incontesté ; mais vous savez très bien qu'elle n'en fera qu'à sa tête, ce qui apportera un peu de variété dans votre existence.

Madame Taureau devant monsieur Cancer

Vous allez découvrir tout de suite ce qu'il y a d'agréable dans les rapports sentimentaux avec monsieur Cancer. Cela réside dans le talent que possède ce partenaire de vous faire sentir à quel point vous comptez pour lui. Qui ne serait troublé d'une telle déclaration ! Il veut tout avoir de vous et tout comprendre. Ce qu'il sait intuitivement, c'est la manière d'y parvenir et vous allez vous sentir infiniment flattée de constater que tous vos gestes et tous vos propos ont pour lui une très grande importance.

Vous tenez à centrer votre vie sur votre foyer; monsieur Cancer y tient aussi. A ce foyer, vous ne serez jamais quantité négligeable; quelle que soit la durée de votre vie conjugale commune, ses sentiments de considération pour vous ne varieront pas. Il est si romantique et si tendre ! Il prend l'aspect d'un personnage très lancé, très mondain, très sociable; et, au fond sous sa carapace de « cancer » (cancer veut dire crabe), il est classique, traditionnel et tendre.

C'est exactement le mari qui convient à madame Taureau.

Evidemment, il la trouve bonne parce qu'elle le supporte et parce qu'il a besoin de sa bonté. Elle est douce, selon lui, parce qu'il a besoin d'infiniment de douceur : les mots durs lui font terriblement mal. Il sait qu'elle est généreuse et désintéressée. Il sait, mais peut-être un jour va-t-il s'apercevoir qu'il s'est trompé. Il se retirera alors dans sa coquille et disparaîtra de sa vue. Si le mariage n'a pas eu lieu, il découvrira le plus grand charme à la vie de célibataire. S'il est marié, il s'en ira, retournera vers sa chère maman, ou, si cette mère refuge n'est plus, il la regrettera ostensiblement.

Mais vous-même, madame Taureau, vous avez en vous les ressources qu'il faut pour répondre à tant d'adoration et de crédulité. Vous serez avec lui aussi maternelle que conjugale. Vous le soignerez et calmerez très bien ses angoisses. Vous saurez très bien le replacer sur la voie de sa grande admiration inconditionnelle pour vous et vous saurez même le taquiner un peu en vue de le rendre plus agressif dans son propre intérêt. Qu'il mûrisse, que diable ! vous n'êtes pas l'épouse d'un enfant !

Le meilleur de lui-même, il l'atteindra vers la trentaine. Complexe, fort et faible à la fois, il fera, quoi qu'il en soit, un bon époux.

Monsieur Taureau devant madame Cancer

Madame Cancer tient aux vieilles traditions selon lesquelles il n'y a que le premier amour qui compte. Il faudrait que vous soyez ce premier amour et que votre bonheur dure tout la vie. En fait, cela ne se passe pas ainsi. Les demoiselles du Cancer n'épousent pas leur premier flirt. Il faudrait, pour qu'elles acceptent de se marier, que leur partenaire leur assure une sécurité durable.

Vous pourriez être cet homme-là, monsieur Taureau.

En votre présence, l'imagination de madame Cancer trouvera des ailes et elle encouragera vos dispositions à fonder un foyer. Puisque vous aimez vous sentir seigneur et maître, votre femme sera très heureuse de devenir le centre de votre vie.

Attention à votre jalousie, monsieur Taureau ! Vous souffrirez des amis de madame Cancer, de ses frères, de ses enfants, les vôtres, mais surtout les siens. Vous voulez l'exclusivité de votre femme, qu'on se le dise !

Madame Taureau devant monsieur Lion

Dès que vous rencontrerez un vrai Lion, il est bien possible que vous en tombiez aussitôt amoureuse. Vous admirez la force, la puissance, la virilité, chez l'homme dont vous rêvez. Et vous découvrez justement que monsieur Lion possède ces qualités. Comment rester insensible ? D'autant plus qu'il n'est pas modeste et qu'il n'hésite pas à mettre en valeur tous les atouts de son jeu.

Monsieur Lion ne manquera pas d'apprécier chez vous des qualités rares que vous possédez au plus haut degré, tels la féminité, l'élégance, le talent de maîtresse de maison, la simplicité et le naturel avec lesquels vous réussissez ce que vous entreprenez, sans parler de vos goûts et de vos dispositions artistiques.

Monsieur Lion sera dans une telle joie de vous découvrir, rare et précieuse, qu'il refusera de voir vos petits défauts.

Il se peut qu'il néglige votre jalousie, à laquelle un Lion donne souvent des justifications. De votre côté, vous penserez avec une indulgence souriante aux aventures qu'il a dû avoir avant de vous connaître; vous apprécierez moins qu'il poursuive ce style de vie. Né sous un signe royal, il aura, même avec vous, des manières de grand seigneur. N'en souriez pas : il est ainsi et c'est peut-être, sans vous en douter, pour cela que vous l'aimez.

Dans votre passion pour lui, vous lui direz qu'il est merveilleux et il le sera davantage, car il aime se l'entendre dire. Il sera pour vous grand et généreux, passionné et autoritaire et vous adorerez cela.

S'il est généralement occupé à l'extérieur de la maison et ne rentre qu'à la fin du jour, vous pourrez dépenser votre énergie et vous livrer à vos goûts personnels sans grand trouble. Son besoin de domination recevra toute satisfaction dans son milieu professionnel. Si vous travaillez ensemble, par exemple dans une entreprise commune, quelques heurts se produiront peut-être. Dites-vous bien que, quelles que soient les contingences de votre vie commune, vous aurez toujours l'impression d'être pour monsieur Lion une créature chérie, très précieuse et très protégée.

Monsieur Taureau devant madame Lion

Pour madame Lion, le succès en amour est chose naturelle. Depuis sa tendre enfance, elle est celle qui accapare l'attention et capte l'affection de l'entourage.

Mademoiselle Lion a toujours été amoureuse du plus beau, du plus fort, du plus remarquable des garçons de son quartier, de son lycée, de son équipe. Sportive, elle a partagé leurs parties les plus rudes et elle s'y est distinguée. A l'école, sans être forcément plus intelligente que les autres, elle a toujours été la plus brillante. Elles est de ces gens qui, quoi qu'ils fassent, et de quelque manière qu'ils le fassent, donnent toujours l'impression de le faire mieux que quiconque.

Elle a le don de susciter dans le cœur de tous les hommes qu'elle rencontre le sentiment qu'elle serait éventuellement sensible à leur chaleur, à leur admiration, enfin à leur amour. Mais elle est plus exigeante que cela et ce qu'elle demande en amour c'est aussi une réponse à ses aspirations cérébrales. L'amant parfait doit réagir à toutes ses sollicitations et lui donner cette inspiration qui la rend désirable et passionnée, démonstrative et volontaire.

Un risque est à courir, si monsieur Taureau épouse mademoiselle Lion : elle peut se retrouver désillusionnée dans la vie de tous les jours et redescendre sur terre péniblement du haut du septième ciel où elle avait l'habitude de se voir en rêve. C'est alors à monsieur Taureau de jouer le jeu et de conserver la tendresse de sa « lionne ».

Madame Taureau devant monsieur Vierge

Le signe de la Vierge habite la Maison de madame Taureau qui correspond à l'amour, aux changements à l'effort créateur, à l'aventure, à la spéculation. Il encourage les natifs du Taureau à suivre leur inspiration, à courir leur chance, à investir selon leur initiative, à croire en leur talent.

Monsieur Vierge attirera physiquement madame Taureau; en fait, celle-ci peut beaucoup apprendre de ce partenaire qui a des qualités très réelles.

Il arrive que monsieur Vierge présente une nette tendance à la critique et qu'il incite madame Taureau à changer complètement d'attitude et d'opinion. Mais le principal résultat de leur rencontre c'est que monsieur Vierge va dynamiser madame Taureau et aiguiser son appétit intellectuel.

Précisons qu'un monsieur Vierge apporte avec lui des éléments favorables en ce qui concerne les questions relatives aux enfants, à toutes les activités créatrices et aux travaux d'expression personnelle. C'est un appui très précieux pour une native du Taureau généralement très douée pour les arts.

Avec, à son côté, un natif de la Vierge, elle va se trouver, sans même s'en être aperçue, entraînée à commencer des travaux personnels auxquels elle rêvait et qu'elle n'avait jamais réalisés.

Il existe, selon les astres, une attirance physique entre madame Taureau et monsieur Vierge. On vient de voir qu'une telle union offre beaucoup d'éléments favorables.

Madame Taureau est sous l'influence de Vénus, monsieur Vierge sous celle de Mercure. L'inspiration spontanée et le goût du beau apporté par Vénus seront alors efficacement soutenus et encouragés par l'intellectualité et le sens pratique de Mercure.

La présence de monsieur Vierge modifiera un autre trait de madame Taureau : il lui donnera le goût des déplacements, des changements et des voyages, qu'elle n'a pas par nature, mais qu'elle sera très heureuse d'acquérir, surtout s'il s'agit de les réaliser en aussi aimable et aussi aimante compagnie.

Monsieur Taureau devant madame Vierge

Madame Vierge ne devient pas facilement amoureuse et elle évalue sans illusion les partenaires qui peuvent se présenter à elle. Beaucoup d'entre elles évitent l'amour le plus longtemps possible, puis se marient tardivement. Mais le désir pratique d'avoir un foyer et des enfants les y encourage plus que la recherche physique de l'amour.

On reconnaît que, chez les natives de la Vierge, les impulsions sexuelles dominent rarement l'existence; elles ne sont cependant pas froides, encore moins frigides, et ce n'est chez elles qu'une attitude intellectuelle et affective. Un Taureau amoureux d'une Vierge saura bien trouver le chemin de son cœur et inventer les mots et les situations propres à éveiller sa sexualité.

Madame Vierge se laissera faire très volontiers dès qu'elle se sentira intriguée intellectuellement par cette expérience.

L'union réalisée, elle sera une auxiliaire très précieuse pour son mari qu'elle aidera de toutes les façons dans sa carrière et dont elle saura assurer le confort au foyer. Elle cherchera toujours à mieux faire, et ombre légère au tableau, à améliorer monsieur Taureau qui, souvent, ne le souhaite pas...

Madame Taureau devant monsieur Balance

Les personnes nées sous le signe de la Balance apportent beaucoup à madame Taureau. Cependant, elles sont si agréables, si évoluées, si civilisées qu'elles risquent d'éveiller chez elle des sentiments d'infériorité.

Monsieur Balance, en effet, rendra perceptibles à madame Taureau ses carences et son potentiel non utilisé qu'elle doit encore accroître et engager totalement dans l'action pour développer harmonieusement sa personnalité. Dès que monsieur Balance intervient dans la vie de madame Taureau, celle-ci a l'impression qu'elle n'en fait jamais assez. Consciente de ses faiblesses, elle est mécontente, fâchée, triste devant sa propre incapacité.

Il faut souligner que tous deux sont placés par leurs

signes de naissance respectifs sous l'influence de Vénus. Quel meilleur accord pourrait-on trouver que celui-là ?

Voilà un couple qui, lorsqu'il est réuni, ne sent pas le temps passer. La richesse de leurs rapports y est certainement pour quelque chose. Monsieur Balance est toujours désireux de plaire, à sa femme plus qu'à tout autre. Madame Taureau ne manque pas d'exigences. En constatant que son partenaire lui accorde tout ce qu'elle demande, elle vient à se faire des reproches : je suis trop exigeante et je le fatigue. Pour ne pas avoir cette sensation d'insatisfaction, il faut que madame Taureau fasse plus et mieux que monsieur Balance. Il faut qu'elle lui rende les faveurs qu'il lui accorde; il faut qu'elle cesse d'exiger et qu'elle sollicite de lui l'expression de ses propres désirs : alors, elle lui accordera satisfaction et n'aura plus ce sentiment de gêne qu'elle éprouve à se sentir constamment dépassée.

Dans la vie de madame Taureau, monsieur Balance apportera une régularité de principes qu'elle aurait tendance à oublier. Il veillera à ce qu'elle ne se surmène pas, comme le font souvent les Taureaux; il l'aidera à progresser dans sa carrière et il sera l'élément aimable et courtois du couple. Monsieur Balance suggérera les bonnes démarches, créera les liens sociaux utiles, applanira les discussions de tout ordre et consacrera tous ses efforts à étendre sous les pas de madame Taureau un tapis lisse et doux qui lui évitera de sentir la rudesse aiguë des pierres du chemin. C'est une union dont on comprend qu'elle puisse donner à l'un comme à l'autre beaucoup de bonheur.

Monsieur Taureau devant madame Balance

Le flirt a toujours été le sport favori de mademoiselle Balance. Elle a flirté avec tous les hommes qu'elle a rencontrés. Elle se sait charmante et attirante et elle sait aussi que son esprit de compréhension et son sens des relations humaines sont capables de retenir près d'elle ceux dont elle souhaite ne pas se séparer.

Elle possède un sens pratique réel de la justice et de l'équité et elle peut partir en guerre contre ceux qui seraient injustes envers son mari.

Mais elle s'adapte aussi à toutes les situations. A partir du moment où elle est mariée, elle se conforme à l'univers de son époux.

Monsieur Taureau est amateur d'art et de confort, ce qui ne déplaît pas à madame Balance, mais il est jaloux et madame Balance n'aime pas cela. Par ailleurs, madame Balance n'est pas très méticuleuse dans les soins du ménage et monsieur Taureau le déplore; ils auront donc l'un et l'autre des concessions à se faire pour trouver l'accord parfait. Il faudra que madame Balance s'efforce de persuader monsieur Taureau de sa fidélité et de l'intérêt qu'elle attache à soigner un intérieur pour lequel il est disposé à d'assez sérieux sacrifices financiers.

Madame Taureau devant monsieur Scorpion

Il semble que monsieur Scorpion soit considéré d'une manière générale comme un être mystérieux qui a le don d'intriguer. Au fond, c'est surtout un être ambitieux, sans pourtant accepter de plier devant une autorité qu'il n'apprécie pas; il est généreux et ce qu'il apprécie le plus, c'est de combattre seul – et à son heure – contre les injustices.

Madame Taureau se sentira tout de suite attirée par monsieur Scorpion parce qu'elle reconnaîtra en lui un caractère opposé au sien propre. Qu'adviendra-t-il lors de ce premier contact ? Il peut se révéler très désagréable et l'histoire risque de se terminer là. Il peut aussi se révéler excellent.

Aux côtés de monsieur Scorpion, on peut être certain de baigner dans l'action, car il est toujours passionné par un problème. A partir de l'instant où le premier contact a été bon, il le demeurera et, entre monsieur Scorpion et madame Taureau, on peut dire que l'union se fera à tous points de vue, non seulement sur le plan purement conjugal, mais ils seront aussi alliés, amis, complices, associés, bref, totalement unis.

Pour madame Taureau, le signe du Scorpion est en Maison VII, et c'est celle du mariage.

Qu'elle songe cependant que le Scorpion, en entrant dans sa vie, a de grandes chances d'y apporter des changements profonds.

Il y a, dans cette union, combinaison entre la Vénus de madame Taureau et le Pluton de monsieur Scorpion. Cela peut conduire à bien des innovations : un style nouveau, un changement de mode de vie, ou de résidence, ou de milieu social.

Ce sera l'inverse du calme plat et de la parfaite tranquillité. Mais madame Taureau n'a jamais souhaité ni l'un ni l'autre; elle aime ses propres habitudes et demeure conservatrice, mais elle suivra, dans ce cas, monsieur Scorpion dans les innovations qu'il lui va proposer. Il faudra vous y faire, madame Taureau !

Au sein de ce couple, il y a un conflit latent, tous deux ont des dons d'autorité et de décision et le problème consistera à savoir qui commande à la maison, qui prend les décisions importantes concernant la famille et le foyer.

Résultat : l'un et l'autre, pour avoir ensemble une vie paisible, ou du moins acceptable, devront tempérer les excès de leur caractère, mais n'est-ce pas le lot de tout un chacun ?

Monsieur Scorpion, qui est bon psychologue, est aussi un bon père. Il comprend la nouvelle génération et il sait parler à ses enfants.

Il tient à ce que son entourage le respecte. Il ne tient pas à être aimé, mais à être obéi. Il ne tient, sur le plan affectif, qu'à l'amour de sa femme et à l'affection des rares élus auxquels il accorde un sentiment tout à fait particulier et choisi.

Monsieur Taureau devant madame Scorpion

Il ne faut pas accorder foi aux gens qui prétendent accabler le Scorpion de toutes sortes de méchancetés et de sensations compliquées. Le Scorpion n'est ni meilleur ni pire que les autres; un signe zodiacal n'indique ni l'attitude morale, ni le degré de bonté; il ne signale que des aptitudes physiques ou psychologiques et quelques éléments disposés comme une sorte de prédestination, sans plus. Le libre arbitre reste intact. Quant aux qualités proprement dites, c'est-à-dire conformes ou non à la morale couramment admise, ce ne sont pas les dispositions astrales qui en décident, mais l'éducation et le milieu. Madame Scorpion n'est donc pas plus désagréable qu'une autre, mais elle n'est pas simple.

Un Scorpion est essentiellement combatif. Madame Scorpion le sera donc et elle gagnera souvent ses batailles. Elle a toujours été une chercheuse d'absolu qui veut tout ou rien. Qu'elle rencontre un Taureau, dont le signe est exactement à l'opposé du sien, et elle aime tout de suite l'impression de ferme stabilité qui émane de sa personne. Elle sent tout de suite qu'avec lui une vie laborieuse et intense est possible. Ils sont tous les deux possessifs et jaloux. Ils se préparent des orages sensationnels, à moins qu'ils ne deviennent si unis qu'ils ne feront qu'une seule et même personnalité alors à peu près invincible.

Madame Taureau devant monsieur Sagittaire

Les anciens astrologues accordaient au Sagittaire des qualités exceptionnelles de sagesse et de justice.

Aujourd'hui – sait-on pourquoi ? – on a pris l'habitude de considérer les natifs de ce signe avec plus de sévérité; on les déclare prompts à entreprendre, mais aussi rapides à abandonner. On dit que ce sont des gens qui n'apprécient pas la régularité dans une carrière et préfèrent l'aventure avec ses risques, mais en s'y lançant avec une préparation incomplète, insouciante et brillante.

Monsieur Sagittaire va considérer l'amour comme une nouvelle aventure parmi tant d'autres et se laisser tenter avec une grande facilité. Mais aussitôt qu'il se sentira très engagé par ses propres sentiments, monsieur Sagittaire guettera avec angoisse les premiers mots par lesquels madame Taureau laissera entendre qu'elle espère fonder un foyer. Il pensera même trouver son salut dans une fuite éperdue. La régularité que demande à un père la vie de famille ne lui convient pas. Mais si la demoiselle joue le jeu et si elle n'insiste pas sur la question des épousailles, il se laissera enrouler dans des rêts biens noués et vous l'aurez tout à vous, madame Taureau. Il sera très amoureux tant qu'il ne se sentira pas obligé de l'être. A vous de jouer !

D'abord, vous serez heureuse de cette rencontre : le Sagittaire possède pour une dame Taureau un grand attrait; elle peut fort bien se sentir à la fois fascinée, intimidée et embarrassée. Elle éprouve une certaine difficulté à le comprendre. Elle a tendance à se croire mystifiée.

Le signe du Sagittaire correspond à la Maison VIII du Taureau. La Maison VIII est celle qui concerne les modifications et les imprévus.

Avec monsieur Sagittaire, madame Taureau se sentira rajeunie, décidée à s'attaquer à des problèmes qu'elle n'aurait pas osé aborder seule; elle acceptera aussi davantage de responsabilités. Il y a dans la présence du Sagittaire comme un défi toujours renouvelé, qui vous pousse à répondre par l'action. S'il veut tout tenter, il sait fort bien encourager les autres à persévérer dans ce qu'il ébauche.

Madame Taureau, pour tirer le meilleur d'elle-même, a souvent besoin de cette sorte d'encouragement vivant autant qu'énergique.

Une dame Taureau se sentira près de monsieur Sagittaire plus apte que jamais à construire son avenir, mais elle devra probablement accepter que cette réalisation ne corresponde pas à son projet primitif : le Sagittaire apporte changements et perturbations.

Monsieur Taureau devant madame Sagittaire

Au cours de sa jeunesse mademoiselle Sagittaire s'est toujours très bien entendue avec les hommes. Elle est un gentil petit « copain » et une amie loyale. Elle ne donne pas son cœur très vite, ni très soudainement. Elle appartient à un signe où les jeunes filles ont la réputation de jouer les Dianes chasseresses avec pour gibier le cœur des garçons.

Sa conception de l'indépendance peut se trouver brusquement désavouée par ses conceptions amoureuses. Elle va se fiancer facilement avec un garçon dont elle pense monts et merveilles. Il faut reconnaître qu'elle se sentira aussitôt terriblement liée par ses promesses.

Souvent madame Sagittaire ne se marie qu'après avoir goûté un temps la vie de célibataire. Mariée, elle devient une épouse loyale, d'esprit large. Sans être une maîtresse de maison parfaite, elle saura apprivoiser suffisamment monsieur Taureau pour lui rendre la vie agréable.

Elle est capable d'aimer avec emportement tout en s'efforçant inlassablement de réformer son mari. Elle sentira souvent les choses de la même manière que monsieur Taureau.

La jalousie ne sera pas absente et monsieur Taureau provoquera même son épouse par quelques incartades.

Les scènes de ménage ne sont pas exclues, mais chacun aura assez d'esprit pour les raccommodements classiques.

Madame Taureau devant monsieur Capricorne

Il faut d'abord que madame Taureau sache que monsieur Capricorne est ambitieux et intelligent. Il a généralement une conscience très pure et très impérieuse, avec un idéal auquel il tient. Pour lui, les grandes vertus sont la droiture, la loyauté, l'assiduité au travail et il les met en pratique dans la vie courante. Il déteste le gaspillage, la paresse. Dès que ces défauts pointent légèrement, il les sent infailliblement et il les signale à son entourage.

Monsieur Capricorne tient en haute considération le prestige et l'estime. Il aime les biens matériels et sait en jouir, mais il apprécie tout autant les biens naturels gratuits comme un beau paysage ou le calme serein d'un soir au bord de la plage à marée basse. Il est de l'étoffe dont on fait les bons maris, mais il est très exigeant. Comme il subit des moments de longue dépression qui le laissent muet et triste pendant des heures, sa femme devra savoir le comprendre et traiter ces mauvais mouvements comme il se doit : avec douceur et doigté.

Monsieur Capricorne convient très bien à madame Taureau. Il est apte à lui faire gravir plusieurs échelons dans le développement de sa personnalité. Elle court le risque de le considérer comme un maître, comme un « prof », ce qui peut nuire aux sentiments existant entre eux. Il faut reconnaître qu'un monsieur Capricorne n'est pas un être qui vous rend la vie facile.

Pour madame Taureau, le signe du Capricorne se situe dans la Maison IX, celle qui concerne le perfectionnement, une éducation plus poussée, des recherches philosophiques et des aspirations philanthropiques. Une union avec monsieur Capricorne signifie donc un effort, mais aussi un progrès.

Quelles que soient les difficultés annoncées, il y a entre madame Taureau et monsieur Capricorne un attrait physique certain. Tous deux sont des signes de Terre.

Pour qu'une union Taureau-Capricorne soit une réussite, il faut que la femme comprenne bien que l'homme place en elle de grandes ambitions; elle doit consentir à les réaliser.

Monsieur Capricorne atténuera la tendance de madame Taureau à suivre ses impulsions et l'incitera à plus de réflexion.

Ensemble, ils feront de grands voyages, pour revenir ensuite au foyer qu'elle aime et qu'elle sait orner et soigner pour le plaisir et le confort de son cher Capricorne.

Monsieur Taureau devant madame Capricorne

Lorsque une fille du Capricorne atteint l'âge où l'on rêve aux garçons, elle n'a nulle envie de devenir amoureuse. Elle ne croit pas trouver un être qui mérite ce sentiment. Et puis, le destin intervient.

Elle est zélée et tient à bien faire tout ce qu'elle entreprend. Pour ce qui est de sa romance et de son mariage, mademoiselle Capricorne va se livrer à son habitude de perfectionniste.

Il faudra bien que monsieur Taureau sache se faire accepter par les parents, car elle ne supporterait pas de complications dans une union officielle. Elle veut un mari capable de s'adapter à ses traditions et qui ait une grande valeur personnelle.

Elle a beaucoup d'amour à donner, bien qu'elle soit au premier abord plutôt froide et sérieuse. Il faut la découvrir et ne pas la décevoir. On devine que monsieur Taureau est tout à fait en mesure de la satisfaire sur le plan sexuel.

Elle tend à être possessive et jalouse et c'est sur ce point que l'union Capricorne-Taureau risque de connaître quelques orages. Elle va concentrer toutes ses ambitions sur la carrière de monsieur Taureau : en cela, elle sera bien la femme qui lui convient, celle qui l'attendra avec beaucoup d'amour au cœur d'un foyer bien organisé et plaisant.

Madame Taureau devant monsieur Verseau

Monsieur Verseau appartient à l'un des signes du Zodiaque considérés comme les plus évolués. Il est représenté symboliquement par un homme adulte versant sur la terre l'eau qu'il reçoit du ciel, nourrissant cette terre en vue de l'avenir. C'est un signe de générosité. En fait, il tend à s'intéresser au monde entier, à l'humanité, voire aux problèmes universels plutôt qu'à sa propre famille. Sa femme pourrait en souffrir.

Il est, à côté de cela, très direct, très réfléchi, très compétent. Il a une grande facilité de contact et de communication avec les autres, qu'ils soient ses subordonnés, ses directeurs ou ses clients.

Monsieur Verseau peut avoir de l'influence sur madame Taureau et surtout sur sa carrière. Une union entre eux peut être une réussite. L'un et l'autre ont confiance en leur destin. Mais cela ne veut pas dire monotonie, encore moins ennui. Avec monsieur Verseau, madame Taureau s'amusera beaucoup. Il lui apportera l'excitation intellectuelle car elle trouve en lui un partenaire à sa mesure.

Le Verseau réside, pour le Taureau, dans la Maison qui régit la position sociale, l'ambition, le standing.

Un obstacle risque de se présenter dans les relations entre madame Taureau et monsieur Verseau; elle aime

Taureau ailé. Bas-relief de briques émaillées du palais de Darius à Suse. Art achéménide, Ve siècle avant Jésus-Christ (musée du Louvre).

assumer la direction des opérations. Mais il pense être le seul à savoir ce qui est le mieux. D'où le risque d'un conflit de compétences et de commandement.

Leur mariage a toutes les chances de durer, car ces deux signes sont fixes, mais comme dans toute union, il y aura de part et d'autre des concessions à consentir. Il faudra les accepter avec intelligence et compréhension.

Madame Taureau pensera que monsieur Verseau ne s'occupe pas assez des conventions et des formes. Il est certainement d'esprit plus fondamentalement démocratique que madame Taureau, qui fait des distinctions entre les catégories sociales.

La plus grande tâche de madame Taureau sera, en fait, de faire un réel effort pour refréner sa jalousie. Devant la tendance de monsieur Verseau à placer l'ensemble de l'humanité sur un seul et même plan, elle déplorera sans cesse de ne pas compter suffisamment à ses yeux.

Monsieur Taureau devant madame Verseau

Mademoiselle Verseau a faut preuve dès sa plus tendre enfance d'un instinct grégaire remarquable. Elle n'était jamais seule et s'intégrait avec facilité et bonheur au groupe, à la collectivité. Mais elle se crée bientôt des difficultés en collectionnant autour d'elle ceux qu'on appelle des « canards boiteux ». Sa sensibilité est ainsi orientée.

Monsieur Taureau est l'opposé d'un « canard boiteux ».

Par ailleurs, mademoiselle Verseau ne fait pas grand cas des questions sexuelles. Monsieur Taureau sait les apprécier. Il y a là un léger décalage et monsieur Taureau devra initier madame Verseau à des joies qu'elle ne soupçonnait pas jusqu'à leur rencontre.

Madame Verseau voudra modifier légèrement monsieur Taureau ! Elle va essayer de changer ses habitudes, de le faire sortir de sa maison, de l'intéresser à ses vues humanitaires. En fait, c'est surtout lui qui changera madame Verseau, car il est plus fort, plus autoritaire et elle cèdera par amour. Pour lui plaire, elle se fera élégante, elle s'efforcera de recevoir comme il se doit ses amis et ses relations d'affaires. Cependant, en son for intérieur, elle se jurera d'éviter le plus possible à son cher Taureau des occupations d'une telle futilité.

Madame Taureau devant monsieur Poissons

Monsieur Poissons est plein d'idées et de dons innés. Quelle que soit sa profession, et à tous les niveaux, il a besoin de temps libre pour se livrer à ses fantaisies. Il est certainement idéaliste. Mais, s'il nourrit des rêves utopiques, il sait en réaliser un grand nombre. Il est de plus très intuitif.

C'est un homme qui croit fermement dans sa destinée et dans ses impressions personnelles. Il fait les efforts nécessaires pour réussir, et, ensuite, attribue son succès à la protection divine. Il est très travailleur.

Dans de nombreux cas, il change complètement d'occupation entre trente et quarante ans et prend alors un nouveau départ. S'il est marié, cela n'implique aucunement une rupture, mais simplement quelque chose comme un changement d'orientation philosophique.

Pour madame Taureau, l'homme des Poissons apporte une aide certaine à la réalisation de ses projets et elle peut compter sur l'amitié de plusieurs natifs de ce signe : son mari, des camarades, des relations, etc.

Le signe des Poissons est bénéfique à madame Taureau. Cependant, elle a une certaine tendance à trop attendre de monsieur Poissons. Elle voudrait le porter au pinacle; ce n'est pas toujours ce qu'il y a lieu de faire.

Madame Taureau aura toujours l'impression que la vie avec monsieur Poissons se passe en voyages, en projets, en spéculations intellectuelles, mais sans réalisations. Elle suppose qu'il manque d'efficacité. Ce n'est pas certain, monsieur Poissons dispose d'une intuition qui lui est d'un grand secours. Aussi, madame Taureau, ne faites pas de reproches à votre mari et ne tentez pas de le transformer. Il faut l'accepter tel qu'il est. Après tout, n'est-il pas un compagnon charmant, plein de prévenances, qui vous comble de fleurs et d'appels téléphoniques pressants pour vous témoigner son amour ?

Face à monsieur Poissons, madame Taureau sera très bien inspirée d'adopter une attitude intelligente de personne évoluée. Il a tous les dons, ou peu s'en faut; elle doit comprendre son besoin de tout essayer...

Il faut simplement, madame Taureau, que vous soyez capable de faire clairement la distinction entre désirs et réalisation. S'il vous fait part de ses rêves et de ses aspirations, ne croyez pas qu'il va tout quitter pour tenter l'expérience. Laissez-le exposer son projet; il reviendra à la réalité quand il sera temps. Soyez celle qui participe à tout ce qui passionne son mari et vous verrez quelle qualité exceptionnelle de bonheur il saura vous donner.

Monsieur Taureau devant madame Poissons

Madame Poissons aime par-dessus tout que l'on s'occupe d'elle, que l'on veille sur elle.

Monsieur Taureau aime veiller sur les autres; il aime organiser la vie de chacun et donner son opinion sur le comportement de ceux qui l'entourent.

Dans une union entre monsieur Taureau et madame

Poissons, il y aura accord parfait : il la protègera, et elle adorera cela.

Madame Poissons appréciera grandement les buts que monsieur Taureau se propose dans la vie. Il souhaite une situation d'une certaine importance; elle pense que c'est là ce qu'il faut à un homme « bien ». Il apprécie un intérieur confortable; elle apprécie tout ce qui dans la vie est beau et bon. Il la veut gracieuse et elle sent qu'elle est en mesure de lui plaire. Ils aiment tous les deux les enfants.

En définitive, tout semble concourir à une union heureuse.

Monsieur Taureau apportera à madame Poissons un grand sentiment de sécurité et c'est ce dont elle a le plus besoin. Cependant, aucun tableau ne se révèle sans ombre. La réprobation de monsieur Taureau quant aux rêves de madame Poissons est à noter. Il n'apprécie pas qu'elle se laisse influencer par tous les courants d'idées : il est plus sélectif.

Mais madame Poissons est malléable; c'est là que se trouve le secret du bonheur de ce couple.

Chapitre III

Le bonheur pour un Taureau

Cet ouvrage, qui tente de donner des vues sur la personnalité et les perspectives des natifs de chaque signe du Zodiaque, ne prétend pas à la rigueur scientifique dont se réclament la plupart des astrologues qui disent volontiers que l'Astrologie est une science exacte plus qu'un art divinatoire. J'ai pris pour bases les données fournies par l'Astrologie, mais je sais trop bien qu'il faudrait établir pour chaque lecteur un horoscope personnel pour s'approcher de la vérité le concernant. Ce que je donne ici, c'est un commentaire général sur des tendances que j'anime en portraits. Les bases sont justes. Le commentaire aussi, mais dans le détail, rien ne remplace la véritable carte du ciel personnelle, unique pour chaque sujet. Si ces lignes vous donnent le désir de consulter personnellement un astrologue, j'aurai atteint un de mes principaux buts.

La question qui se pose, maintenant, est de savoir s'il est raisonnable, s'il est seulement possible de dire quel sera l'avenir d'un natif d'un signe zodiacal donné. On peut faire des prévisions qui seront à peu près exactes, et je dis « à peu près » au lieu de dire tout à fait, simplement parce que personne n'est mené par une fatalité absolue et que le libre-arbitre a toujours la possibilité de modifier le destin.

Les éléments qui permettent de supputer les chances, les faveurs du sort qui attendent le natif du signe dans le cours de sa vie, sont nombreux. Chaque signe donne à ses natifs des dispositions définies, des facultés que les autres n'auront pas, et ce sont ces données qui ont été utilisées ici.

Les joies saines de la vie à la campagne.

La force du Taureau

On reproche souvent au Taureau de n'avoir pas l'esprit d'initiative. Il a cependant l'intelligence alerte. Il réagit, en outre, à toutes les informations qui lui parviennent et il s'applique à les comprendre.

Tout petit, il apprécie la conversation des adultes; il en gardera un profond souvenir. C'est dire qu'il est tourné vers la stabilité et que les leçons de ses ancêtres ont pour lui une grande valeur.

Il ne se distingue pas par un esprit d'initiative extraordinaire, mais, en revanche, il possède une grande force : il sait conduire à bonne fin les tâches dont il assume la réalisation. Il est, en cette occasion, intelligemment tenace et persévérant. Et s'il est besoin d'initiatives, il en est très capable.

Un Taureau, dans les missions d'exécution, est absolument remarquable. Tout chef d'entreprise souhaite un tel collaborateur. Mais ce Taureau ne tient pas beaucoup à se voir confier des travaux très variés. Il préfère poursuivre une tâche bien précise.

Assez curieusement, beaucoup d'auteurs insistent sur le côté terre à terre du Taureau. Il semble que l'on considère ce trait comme un frein à tout idéalisme. Ce n'est pas le cas et il ne faut pas se laisser entraîner dans une fausse direction du fait que le Taureau préfère la Terre à l'Eau, à l'Air et au Feu; il aimera les beaux paysages, il aimera les professions qui ont une attache avec la terre et non seulement le fait de cultiver cette terre, mais d'y construire et d'y tracer des routes. Le sens artistique et le goût de la beauté sont les couleurs essentielles des dispositions du Taureau.

La faiblesse du Taureau

Le Taureau, second signe du Zodiaque, représente aussi la dualité. Passé la première phase de la création, où le monde est un, apparaît une seconde phase où cesse l'unité et où se forme le monde des réalités.

Le Taureau succède à un signe masculin, le Bélier; on le dit signe féminin. Il est vrai que le Bélier, sous l'influence de Mars, dieu des violences, des combats, possède ce caractère masculin; il est vrai aussi que le Taureau, sous l'influence de Vénus, est un signe de beauté, de finesse, donc plutôt féminin. Il apporte à ses natifs une certaine réserve parfois accompagnée de réelle timidité. Le fait de la dualité du signe associée à sa féminité peut apporter un élément de faiblesse au natif, car on est toujours d'un naturel plus énergique lorsqu'on est simplement et uniquement déterminé.

Signe de printemps, le Taureau est en général doué pour le bonheur, pour la joie, pour la prospérité dans un calme olympien. Dans la vie courante, ces traits ne sont pas des éléments de force; souvent, ils nuisent au développement de la personnalité et rendent le sujet simplement lent, sans génie, sans calme, parce qu'il ne conçoit pas aussi vite que les autres et n'exprime pas aussi adroitement ses idées. Chez l'enfant, cette lenteur de pensée peut favoriser une inactivité profonde et le rendre passif, comme inerte devant les cours et les leçons; c'est un défaut contre lequel il faut lutter en encourageant les dons de l'enfant, en lui montrant qu'il peut les développer en travaillant, et qu'une terre en friche ne produit jamais de belles fleurs.

La plupart des auteurs notent chez le Taureau une grande indolence; d'autres n'y voient que grâce, dons artistiques, et un grand charme. Le Taureau peut répondre à l'une et l'autre description. L'inspiration artistique, lorsqu'elle est suivie de réalisation, peut conduire à la gloire, à la richesse et au bonheur. Lorsque votre enfant est Taureau, ne méprisez pas ses dons artistiques. Il faut, au contraire, les cultiver afin qu'ils se développent sur une base solide. C'est en dirigeant sagement un enfant selon ses dons et ses tendances que l'on arrive à lui faire suivre une carrière qui lui plaise, donc où il ait toutes les chances de réussir. Maintenus au niveau de rêveries sans portée, les dons artistiques seraient une faiblesse; canalisés vers un but précis, ils peuvent devenir un merveilleux atout.

L'orientation du Taureau

Le Taureau est sous l'influence de Vénus.

Elle est sa grande protectrice. Elle lui apporte douceur, harmonie, sens interne de l'équilibre.

Ainsi marqué par Vénus et par la Lune, ce signe est celui des sentiments affectifs sous toutes leurs formes : amour, sexualité, tendresse. Il incline ses natifs à un naturel volupteux, équilibrant en eux le sentiment et l'attrait charnel. Cela peut évidemment conduire à la profonde et brûlante passion. Le Taureau n'a pas de problèmes en amour. Il n'éprouve jamais ce déchirement né d'un partage : le cœur d'un côté, et les sens d'un autre, sujet propre à inspirer bien des ouvrages romanesques. Pour le Taureau, ces problèmes n'existent pas. On aime, un point, c'est tout. Et quand on aime, on accorde à l'être aimé ce qu'il demande, tout au même niveau passionnel. Bien-être, fidélité, sexualité.

Le Taureau n'étant pas, comme le Bélier, un caractère « primaire », mais un « secondaire », ne se lance pas tête baissée dans la première passion qui se présente. Il y regarde à deux fois.

Chez un Taureau, tout sentiment s'élabore lentement et insensiblement. Il aime nier ce sentiment jusqu'au bout, c'est-à-dire jusqu'à ce qu'il donne lui-même des marques de son amour. C'est qu'il reste timide et peu désireux de précipiter les choses.

Mais lorsque s'est écoulé le laps de temps nécessaire

pour que sa passion l'envahisse irréversiblement, le Taureau amoureux devient jaloux.

Son cœur pris, il ne revient jamais sur son choix. Il a mis le temps qu'il lui fallait pour s'assurer d'abord de la réalité et de la durabilité de ses sentiments; il n'a plus de raison de changer d'avis.

L'amour prend alors chez le Taureau une couleur de fatalité inéluctable et celui qui en est l'objet ne va pas tarder à s'en apercevoir. Le Taureau ira jusqu'au bout de sa passion, quels que soient les incidents de parcours. Il marque par là son caractère de signe fixe.

Il indique aussi qu'il est un signe de Terre et, parce qu'il est un signe de Terre, il est possessif.

Variantes selon le jour de la naissance

Quand on étudie le caractère en se basant sur la date de naissance du sujet, on ne peut réellement pas se limiter à la définition du signe zodiacal de sa naissance; il est nécessaire, en principe, de calculer son horoscope scientifiquement, mathématiquement, et c'est la spécialité de l'astrologue. On a, dans ce cas, des informations personnelles propres au natif, au « consultant ». Ici, je ne puis fournir l'horoscope et cela se conçoit; mais je peux définir les traits généraux communs aux natifs d'un signe. Entrant plus avant dans les précisions, certains auteurs définissent ces traits en se fiant au jour anniversaire de la naissance, et non plus mois par mois, signe par signe. En effet, entre un signe et l'autre, il n'y a pas de hiatus; aucune solution de continuité ne les sépare et la transition est insensible. Aussi pouvons-nous logiquement envisager :

- les dates limites
- les décans.

Les dates limites sont les trois premiers jours et les trois derniers jours pendant lesquels le soleil est dans le signe.

Le Soleil reste dans le signe pendant trente jours; cela fait trois périodes de dix jours, appelées les décans, qui ne sont pas tout à fait semblables; d'abord parce que la première période est proche du signe précédent, et la dernière proche du signe suivant; ensuite parce que les influences planétaires ne sont pas tout à fait les mêmes au cours des différents décans.

Les dates limites du Taureau

Le signe du Taureau commence le 21 avril et finit le 20 mai.

Les personnes nées le 21, le 22 et le 23 avril se trouvent sous deux influences solaires, la finale du Bélier, le commencement du Taureau; le Bélier étant le signe zodiacal précédant immédiatement le Taureau et le commencement du signe du Taureau apportant un changement caractéristique qui n'est pas brutal, mais va en croissant, à mesure que le temps s'écoule.

Le Bélier est le premier signe du cycle annuel; il est chargé d'énergie : énergie solaire, lumière, chaleur. Il est le signe qui voit se déclencher le phénomène positif de la germination, le réveil annuel de la nature. Cette situation, au sein du monde terrestre, agit sur les personnes qui naissent entre le 21 mars et le 20 avril. Ce signe donne à ses natifs une grande spontanéité, un caractère entier, brusque et tendre, capricieux et volontaire, heureux, généreux, avec des éclats de violence. Il se caractérise par un dynamisme certain. Sa planète est Mars, sa couleur le rouge; son élément le feu; sont métal, le fer.

Le signe du Taureau voit les effets de la germination; la chaleur, la lumière ne sont plus naissantes, mais bien présentes, comme fixées. La végétation est verte, riche, au maximum de la première phase de son développement; les premières fleurs apparaissent.

Ce qui était projet devient réalisation. Les natifs du signe sont tenaces, aiment les biens matériels et, influencés par la splendeur printanière, ont des dispositions artistiques. Ils apprécient les conventions, la tradition, la tranquilité. La planète du signe Vénus, sa couleur le vert, son métal le cuivre, son élément la terre.

Les natifs des trois premiers jours du signe sont sous l'influence de Vénus et ont la ténacité du signe fixe. Ils aiment la terre pour ses récoltes, et la beauté de la nature. Ils font preuve de dynamisme et parfois de violence; ils ne sont pas exempts de colères mais à la différence du Bélier, ils n'oublient pas, et se souviennent toujours en particulier de ce qui les a troublés.

On perçoit l'importance de l'affectivité chez le sujet à son écriture, qui est penchée à droite.

Son impulsivité se manifeste dans sa main dont le pouce est court. Dans la paume, la ligne de vie et sa ligne de tête sont très écartées à leur début.

On voit aussi dans son écriture la largeur de ses idées, son sens pratique, son goût artistique. Il est déterminé et tenace, le tout coloré d'une grande générosité.

Les personnes dont l'anniversaire est le 18, le 19 ou le 20 mai sont déjà partiellement sous l'influence du signe suivant, qui est les Gémeaux. En même temps que Vénus, Mercure les gouverne. Mercure est la planète des Gémeaux, dont l'élément est l'air, la couleur le jaune, le métal le mercure ou vif-argent.

Aux caractères de ténacité, de goût artistique, de stabilité, du Taureau, la proximité des Gémeaux ajoute l'intellectualité apportée par Mercure, ainsi que sa légèreté, la dissipation de l'élément aérien.

Si votre anniversaire est l'un de ces trois jours, il est probable que vous avez confiance en vous, ce que vous livrez en soulignant d'un trait votre signature. Votre écriture est plutôt verticale que penchée, car vous avez l'esprit logique et sérieux des Taureaux, avec la nuance intellectuelle des Gémeaux. Vous avez le caractère gai, un peu moqueur. Le versant négatif de votre personnalité risque d'être un certain goût pour le sarcasme. Votre imagination vagabonde loin et haut, comme vous aimeriez voyager vous-mêmes si vous étiez né une semaine plus tard. Mais la fixité du Taureau vous retient encore.

Les décans du Taureau

La durée du passage du Soleil dans chaque signe est de trente jours; on divise cette période en trois sections de dix jours chacune.

Si votre anniversaire est dans la période allant du 21 au 30 avril, vous appartenez au premier décan.

Votre planète est Vénus. Du signe précédent, le Bélier, il vous reste encore une certaine force s'exprimant par votre dynamisme. Elle apparaît dans votre écriture qui est généralement lourde, appuyée, avec des « t » liés, aux barres fermes et longues.

Vous éprouvez des sympathies et des antipathies violentes, qui naissent d'un seul coup et que vous conserverez longtemps. Dans votre main, on voit un large mont de Vénus.

Si votre anniversaire se situe du 1er au 10 mai, vous appartenez au deuxième décan du Taureau. Votre planète personnelle est Mercure, bien que, comme tous les Taureaux, vous soyez encore gouverné par Vénus. Mercure symbolise la connaissance, aussi donne-t-il à votre esprit l'appétit de la lecture et le goût de l'information. En même temps, et à cause du Taureau, vous vous révélez réfléchi, conservateur, constructif, efficient. On le voit à votre écriture qui est droite, ou à peine inclinée à droite. Les sommets des « m » et des « n » sont bien arrondis, l'ensemble est très fluide.

Dans votre main, on voit la ligne de vie nettement et largement incurvée, clairement dessinée. Vous courez le risque d'être trop curieux, trop inquisiteur, peut-être insouciant.

Si votre anniversaire est entre le 11 et le 20 mai, vous appartenez au troisième décan du Taureau. Votre planète personnelle est Saturne, bien que vous soyez toujours gouverné par Vénus. Saturne vous pousse à réfléchir avant d'agir et vous entraîne à la méditation, à mûrir longuement vos projets avant de les réaliser. Vous êtes déterminé, résolu, volontaire. On discerne ces traits dans votre écriture qui présente des lignes verticales fermes, appuyées, insistantes.

Il y a en vous de la versatilité, de l'ironie, parfois même une certaine sécheresse, qui ne s'apparentent pas au Taureau, mais aux Gémeaux. Vous êtes nettement moins sentimental que les natifs des autres décans. De plus, vous avez un grand désir d'indépendance, troublé cependant par une certaine horreur de la solitude. Si vous ne vous surveillez pas, vous pouvez devenir capricieux, et même tyrannique. Vous êtes, dans tous les cas, très volontaire.

L'écriture du Taureau

Les indications fournies par l'Astrologie trouvent leur confirmation dans les autres méthodes d'investigation de la personnalité. Ainsi peut-on définir une physionomie, une morphologie du Taureau, une graphologie aussi. L'harmonie est complète.

L'observation de l'écriture n'est valable que si elle s'exerce sur un échantillon qui n'a pas été spécialement écrit dans ce but. Pour celui qui n'a pas de certitude sur le signe zodiacal de naissance d'un sujet, l'écriture peut confirmer les éléments connus. Pour vous-mêmes, qui vous connaissez bien, cet examen graphologique confirme la valeur de l'astrologie.

L'écriture du Taureau est assez caractéristique pour être reconnaissable. Chez certains sujets, elle est si expressive que le doute n'est plus possible sur l'appartenance à un signe donné.

L'écriture du Taureau suit généralement des lignes droites et régulières; le texte est disposé avec élégance et soin. La course de la plume est lente et le dessin des lettres bien précis. Les caractères sont, le plus souvent, inclinés à droite. Les lettres sont petites, arrondies, irrégulières mais sans désordre. On y voit quelques ornements traditionnels : boucles des majuscules, « t » pointus en tipi. Ce n'est généralement pas une écriture « moderne », elle reste traditionnelle.

A l'analyse de détail, cette écriture révèle les traits les plus marquants du Taureau. C'est d'abord sa lenteur réfléchie; ce n'est pas une écriture rapide; le scripteur forme complètement chaque caractère, place les accents et les points convenablement. Les majuscules, même lorsqu'elles sont typographiques, sont dessinées avec élégance, traduisant le sens de la mesure et le goût artistique. En dépit des instruments modernes à bille ou à feutre cette écriture trouve encore le moyen d'avoir des pleins et des déliés; d'ailleurs le Taureau préfère souvent le stylo à plume. L'accentuation des pleins et des déliés est un signe de sensualité.

On trouve aussi dans l'écriture du Taureau la marque de la jalousie : les finales des mots se terminent parfois en crochets souples revenant vers la gauche.

Le tempérament lymphatique-nerveux du Taureau se traduit par des lettres arrondies, petites, irrégulières. Les mots ne se serrent pas au bout des lignes; la marge de droite est raisonnable et chaque signe trouve bien sa place, car le scripteur est méthodique. En période de fatigue et de dépression, le Taureau, comme tout le monde, a tendance à écrire en lignes descendantes. Mais la dépression reste rare chez le Taureau.

La signature, avec son paraphe, complète ces informations. Chez le Taureau, la signature est le plus souvent harmonieuse; elle peut manquer de simplicité; elle ne manque jamais de goût. Parfois le paraphe est en zigzag, marque d'un caractère volontaire et lutteur.

Lorsque la signature est tracée en montant, elle ajoute aux éléments que nous connaissons déjà une certaine ambition accompagnée d'optimisme.

Si le nom est suivi d'un point, elle marque une grande pudeur, une retenue, le désir de ne pas se livrer. Si le nom est souligné d'un simple trait, on y voit généralement une marque d'orgueil. Cela se rencontre rarement chez le Taureau, bien que certaines signatures de ce signe soient ainsi. On doit reconnaître que le reste de l'écriture étant mesuré, harmonieux, il faut considérer ce soulignement non pas comme le véritable orgueil classique, mais plutôt comme la confirmation du caractère méthodique et réfléchi du scripteur, parce que les lettres sont petites, alors que l'orgueilleux-type a l'écriture haute.

La dernière lettre peut se prolonger par une barre qui signale le désir de se défendre; si cette barre se termine par un petit crochet en harpon, elle indique la ténacité dans la défense.

La tête du Taureau

L'examen de l'écriture et du paraphe permettent de confirmer et de compléter le portrait du Taureau. Il existe une autre méthode de l'examen de la personnalité : c'est l'observation de la forme du visage et du crâne, évidemment utilisable, en ce qui concerne le crâne, seulement dans le cas d'une grande familiarité ou pour soi-même. Ces informations sont particulièrement utiles pour observer le caractère de votre enfant. Ce sont des données qui ne relèvent pas du tout de l'imagination ni de l'esprit inventif de quelques originaux. En réalité, les planètes ont, sur le développement physique et physiologique, le même effet que sur le développement psychologique.

Voici ce que l'on observe généralement chez un natif du Taureau.

Lénine.

Observant le visage, on en note les proportions particulières : le bas du visage est important par rapport au tiers central et au tiers supérieur. Ceci illustre le fait que le Taureau a ce qu'on appelle une personnalité orale : il mange bien et volontiers ; il a la parole facile ; sa voix est agréable ; il est souvent doué pour le chant.

Les lèvres, quel qu'en soit le dessin, se rejoignent en formant une ligne droite, ce qui marque chez le sujet le goût de l'ordre et de la méthode, et c'est bien le cas chez le Taureau.

Le nez est généralement droit, plutôt court, de profil ferme. Sa racine prolonge le front sans dépression : ce signe indique que le sujet a le sens de l'harmonie, des proportions, de l'élégance et de l'art.

Les yeux, souvent, sont à fleur de tête. C'est un signe d'éloquence qui complète l'importance de la bouche et du larynx. Le crâne, en effet, a des éminences invisibles situées au fond de l'orbite, tendant à pousser le globe oculaire vers l'extérieur ; ces « bosses » sont la marque de l'éloquence, du don de la parole facile.

Si les pommettes sont visibles, elles sont généralement hautes, placées près des yeux. C'est un signe de générosité, de sensibilité.

Le menton peut être carré, ce qui indique que le sujet est raisonnable. Il peut être rond, chez une personne calme et bienveillante. Il est généralement ferme, chez le natif du Taureau, qui est un réalisateur. Dans le cas d'un Taureau à caractère passif, le menton est « mou ».

Les oreilles, chez le Taureau, sont généralement nettement détachées, sans excès cependant. Elles indiquent une personnalité active, efficiente, indépendante. Elles sont charnues si le sujet est très sensuel.

Le front présente des rides dont la forme donne un certain nombre d'indications : on rencontre souvent, chez un Taureau, une ride unique, verticale, entre les sourcils. Elle est le signe d'un esprit profond et réfléchi.

Chez le Taureau, les rides transversales du front sont rares. C'est une personnalité qui conserve longtemps un front lisse. Lorsque ces rides apparaissent, elles sont généralement droites, indiquant une parfaite sérénité.

De chaque côté, au-dessus des tempes, le Taureau présente souvent une petite bosse peu saillante, mais nettement sensible. Elle indique que le sujet a le caractère gai.

En haut du crâne, au milieu, légèrement en arrière, on peut trouver, chez un Taureau, une éminence dont la présence est le signe d'une volonté persévérante.

Latéralement placées, au-dessus et en avant de chaque oreille, une petite bosse indique le goût des biens matériels. Tous les Taureaux ont ces bosses.

L'amour du foyer, du confort chez soi, de la maison élégante, chaleureuse, bien calfeutrée, se signale par un renflement du crâne en arrière, au niveau de l'occiput.

La nuque, chez le Taureau, n'est généralement pas cambrée; elle est forte; c'est le signe de l'amour sensuel et le Taureau est un grand amoureux.

La chance du Taureau

Une grande partie de la raison d'être de ce livre est de trouver pour chaque signe les éléments constituant la chance de ses natifs.

Aucun signe zodiacal ne donne à ses natifs plus de chance qu'un autre. Tous ont leurs caractères propres et ce sont les capacités d'utilisation qui varient. Ces capacités dépendent du degré d'information du sujet. Qu'il se connaisse, qu'il soit complètement informé sur ses atouts, qu'il sache, et surtout qu'il veuille utiliser ces informations, et la chance viendra vers lui. Voyons donc maintenant quels sont les éléments qui peuvent favoriser la chance du Taureau.

Il vous arrive parfois de sentir une sourde résistance qui s'oppose à toutes vos initiatives, comme si un sort contraire s'acharnait inlassablement contre vous. C'est dans de tels moments qu'on s'écrie volontiers : « Je n'ai pas de chance ! »

Cette chance semble accordée par le hasard. Or le hasard n'est pas tout puissant, ni toujours favorable. Pour travailler vous-mêmes en faveur de la chance, vous devez :

- profiter de la période où le hasard vous favorise pour entreprendre, poursuivre, approfondir, en un mot pour vous lancer dans une action positive;
- donc, être toujours prêt à utiliser une période de chance qui se manifeste d'une manière imprévue.

La constance et la volonté sont parmi vos qualités; ajoutez-y l'opportunité. Soyez prêt à l'action, même si les circonstances vous obligent à modifier vos plans et vos projets; même si la période de chance se manifeste à l'improviste.

Pour définir une période de chance on ne peut guère que s'appuyer sur ses effets. Si l'on dresse un horoscope, il n'indiquera pas si la chance est présente ou non; il indiquera seulement les positions des planètes, ce qu'on appelle leurs « aspects ». D'autre part, on peut aussi vous annoncer le passage de telle et telle planète dans votre signe. L'influence des planètes peut se traduire par de la chance, ou, au contraire, se révéler défavorable. C'est ainsi, par exemple, que Jupiter, qui favorise l'expansion et l'ascension, le dynamisme et l'action, est considéré le plus souvent comme favorable, tandis que Saturne, planète dite inhibitrice, est toujours considérée comme retardant le déroulement des faits; cependant Saturne n'est pas toujours un obstacle à la réussite; dans certaines situations où la précipitation serait nuisible, Saturne est même un élément de chance.

Sur le plan des relations humaines, vous avez plus de chance en ayant des rapports confiants, sympathiques, simples et bienveillants avec votre entourage, qu'en vous tenant caché dans votre « tour d'ivoire ».

Sans refuser d'apporter votre aide aux gens qui sont dans l'ennui et qui vous en font part en sollicitant votre intervention, ne vous rapprochez pas excessivement des gens qui n'ont pas de chance. La malchance est contagieuse.

Instruit de ce qu'est la chance, apprenez à l'attirer et à la conserver. Voici comment vous procéderez. Il faut pour cela étudier les « correspondances ».

On appelle correspondances les rapports mystérieux, secrets, occultes, qui unissent entre eux certains éléments. Ces rapport existent entre les signes du Zodiaque, les planètes, les nombres, les gemmes, les métaux, les éléments, les couleurs, les plantes.

Pour attirer à vous la chance

Procurez-vous un « calendrier perpétuel » qui vous permettra de trouver, si vous ne le connaissez pas, le jour de la semaine où vous êtes né. Ce jour correspond à divers éléments, figurant sur le tableau ci-dessous :

Lundi : La Lune - l'eau - l'argent - le bleu - les perles - l'anémone - le 2 et le 7.

Mardi : Mars - le feu - le fer - le rouge - l'améthyste - la rose - le 9.

Mercredi : Mercure - la Terre - le mercure - le jaune - la topaze - le muguet - le 5.

Jeudi : Jupiter - l'air - l'étain - la pourpre - le grenat - le mimosa - le 3.

Vendredi : Vénus - l'air - le cuivre - le vert - l'opale - le lilas - le 6.

Samedi : Saturne - la terre - le plomb - le noir - le saphir - le narcisse - le 4.

Dimanche : le Soleil - le feu - l'or - le blanc - le diamant - la pivoine - le 1.

Sachez également ceci :

La Lune : passivité, féminité, vie affective, tendresse.

Mars : combativité, virilité, vie matérielle, lutte.

Mercure : intellectualité, mobilité, vie sociale, communications.

Jupiter : expansivité, honneurs, vie professionnelle, ascension.

Vénus : beauté, amour, vie affective.

Saturne : secret, notion de durée, vie occulte.

Soleil : vitalité, activité, vie supérieure, sérénité.

Ces correspondances bien connues, sues, retenues, respectez-les le plus souvent possible, tenez-en compte, appuyez-vous sur elles.

Etant natif du Taureau, si vous voulez un talisman, faites-le en correspondance avec Vénus. D'une manière générale, entourez-vous de lilas, portez l'opale, préférez le vert, choisissez, pour agir, le vendredi, et si possible le 6.

La numérologie peut également vous aider.

Trouvez votre nombre et utilisez-le. En tant que natif du Taureau, vous avez déjà le nombre 6 qui vous est favorable.

Vous pouvez trouver votre nombre kabbalistique en faisant le calcul suivant :

Voyez quel jour de la semaine vous êtes né. Notez le nombre de ce jour en sachant que :

lundi = 1	vendredi = 5
mardi = 2	samedi = 6
mercredi = 3	dimanche = 7
jeudi = 4	

Ajoutez à ce nombre votre anniversaire, c'est-à-dire la date, donc un nombre de 1 à 31. Ajoutez aussi le nombre du mois sachant que avril = 4 et mai = 5.

Si votre total a plus d'un chiffre, ramenez-le chaque fois à un seul chiffre en faisant l'opération qui s'appelle réduction; pour cela additionnez les chiffres

entre eux, jusqu'à n'avoir qu'un seul chiffre; par exemple :
45 = 4 + 5 = 9 ou bien : 79 = 7 + 9 = 16 = 1 + 6 = 7, etc.

Calculez le nombre de votre nom patronymique en sachant que A = 1; B = 2; C = 3; D = 4; etc, jusqu'à la fin de l'alphabet. A chaque lettre de votre nom correspond un nombre; additionnez ces nombres, réduisez comme indiqué ci-dessus. Faites de même avec votre prénom.

Complétez cet élément de chance qu'est votre nombre par d'autres éléments tels que :

a) votre lieu de résidence : pour un Taureau il doit être de préférence à la campagne, de préférence dans un immeuble vous appartenant, de préférence enfin dans un cadre enchanteur;

b) votre carrière : art oratoire, théâtre, chant, agriculture, etc., selon ce qui a été dit dans la seconde partie de ce livre;

c) votre conjoint, selon les indications données dans le chapitre précédent concernant les couples;

d) vos amis, également selon les affinités astrales.

Connaissant les caractéristiques des natifs de chaque signe, vous pourrez estimer vos amis et juger s'ils peuvent apporter de bons éléments dans votre vie ou vous créer des problèmes. Il n'est pas question de vous forcer à témoigner de l'amitié à des gens qui vous sont indifférents parce que leur signe s'accorde avec le vôtre; mais il y a une présomption favorable. Quant à vos amis dont le signe est révélé par cet ouvrage en opposition avec le vôtre, sachez limiter à un sentiment désintéressé vos rapports et ne les mêlez pas à vos affaires professionnelles si vous tenez à votre réussite.

Le chemin de votre succès

Une vie réussie, une existence bien organisée, une

ascension régulière, un milieu affectif correspondant à vos goûts et à vos aspirations semblent devoir grandement contribuer à votre bonheur. Ce livre vous fournira tous les éléments nécessaires à la construction de votre succès. Quelles voies allez-vous suivre pour appliquer mes conseils et pour réussir ?

Commencez par votre carrière professionnelle et voyez si elle correspond profondément à vos goûts, c'est-à-dire si elle correspond à votre signe.

Si la réponse est négative, changez de métier; il n'y a pas de meilleure décision que vous puissiez prendre et quand on a le goût du travail, on peut toujours recommencer, car tout vaut mieux que faire chaque jour un métier que l'on n'aime pas ou qui vous laisse indifférent, avec la sensation qu'on gâche l'unique vie qui vous ait été donnée ! Changez donc de profession et prenez le métier qui vous plaît profondément et pour lequel vous vous sentez fait; s'il entre dans ceux qui sont désignés pour les natifs du Taureau, aucune hésitation; s'il n'y entre pas, faites très attention : vous êtes en train de commettre une nouvelle erreur.

Si la réponse est positive, c'est-à-dire si vous faites un des métiers indiqués pour le Taureau et si vous n'êtes pas satisfait des résultats, faites un examen de conscience, un check-up professionnel. Répondez à des questions simples :

– Donnez-vous à votre travail toutes vos forces ?

– Vous y êtes-vous convenablement préparé ?

– Avez-vous un esprit de loyauté vis-à-vis de votre profession ?

– Etes-vous au courant des possibilités d'avancement dans votre carrière et êtes-vous prêt à faire les sacrifices nécessaires pour progresser ?

Étudiez ensuite le plan affectif : êtes-vous marié ? Etes-vous « bien » marié ? Etes-vous heureux ? Faites ici le bilan des éléments de votre vie familiale et révisez les points faibles. En quoi votre mariage est-il réussi ? En quoi ne l'est-il pas ? Quel est le signe zodiacal de votre conjoint ? S'accorde-t-il avec le vôtre ? Revoyez le chapitre sur la formation des couples et notez les observations qui s'y trouvent et qui concernent votre cas.

Ayez avec votre conjoint quelques longues et sérieuses conversations en tête à tête pour étudier vos états d'âme respectifs.

Discutez franchement de vos divergences et soyez l'un et l'autre compréhensifs, l'astropsychologie vous y aidera.

Étudiez avec soin les problèmes qui concernent vos enfants. Connaissez-vous bien ces êtres que vous avez mis au monde et qui sont entièrement distincts de vous, avec une autre personnalité, d'autres tendances, d'autres aspirations que les vôtres ?

Pour un Taureau, la base du bonheur est dans ces deux mots : terre, fixité. Vous avez besoin d'être solidement installé; maison, foyer, biens doivent rester à l'abri de toute spéculation. Le meilleur des cas est votre installation dans une maison individuelle dont vous soyez propriétaire. Il vous faut un terrain, ne fût-ce qu'un minuscule jardinet.

Vos chances en matière financière

Vous n'êtes pas doué pour les jeux de bourse. En matière financière votre chance s'attache aux biens immobiliers. C'est un champ d'activité assez vaste et divers pour que vous vous en contentiez.

Les opérations de promotion immobilière, de négoce de terrains, la production et la vente des fruits de la culture, devraient vous être faciles. Les opérations purement financières ne vous sont pas conseillées. Ce qui vous nuit dans cette branche, c'est votre manque de rapidité, d'intuition, d'inspiration, d'audace. Vous vous sentirez toujours plus à l'aise dans des situations plus traditionnelles et plus stables.

Georges Braque.

Vos chances en politique

La politique pourrait vous tenter parce que vous êtes certainement un bon orateur. Votre physique, votre voix, votre éloquence vous servent bien.

Pour les opinions, c'est différent. Quelles qu'elles soient, elles ne vous mèneront pas assez loin si vous les voulez d'avant-garde. La tradition vous convient tellement mieux ! Dans une carrière politique, vous réussirez mieux, en effet, du côté des conservateurs que dans une gauche hardie niant le droit à la propriété foncière. Mais si vous voulez faire une carrière politique, choisissez alors d'être le député d'un département rural, ou ministre de l'Agriculture, ou de l'Habitation. Cependant les carrières d'administrateur vous conviennent tellement mieux ! Vous seriez un excellent maire.

Pour qu'un Taureau vive heureux chaque jour

Le bonheur, pour un Taureau, réside aussi et surtout dans sa vie privée, dans l'organisation de cette vie, dans son décor, dans ses habitudes. Et d'abord, il est rarement fait pour vivre seul. Sa destinée est plutôt dans le mariage, si possible avec conjonction des biens de l'un et l'autre conjoint. Mais il ne faut pas, sous ce prétexte, qu'il fasse un mariage sans amour, car c'est un grand sentimental. Il ne peut pas se passer d'aimer.

Le natif du signe du Taureau n'est pas essentiellement un citadin et nous avons vu qu'il aime beaucoup, au contraire, la campagne et ses biens. Cependant, il y a en lui un goût des arts, du confort, de l'élégance, des plaisirs, qui incite à s'installer dans une ville. Dans ce cas, pour se sentir plus complètement satisfait, il est bon que le Taureau possède également une propriété rurale, belle ou modeste. Le seul fait de savoir qu'elle lui appartient, d'avoir la possibilité de s'en occuper, même s'il ne peut pas y vivre, est pour lui un important élément de bonheur.

D'autre part, son décor quotidien, son mode de vie, son hygiène, ses habitudes contribuent également à son bonheur.

S'il ne peut pas jouir d'un bel appartement, il doit toujours posséder au moins un très beau meuble, un bel objet d'art, ou encore un tableau de grande valeur. Qu'il dispose le bel objet sous son éclairage le plus favorable, bien en vue, généralement isolé du reste du décor afin de se trouver parfaitement en valeur. Que cet élément de beauté soit constamment à sa vue; qu'il puisse y reposer ses yeux et en rêver, et y penser et profiter de cet impalpable bonheur que la véritable beauté apporte avec elle. Il lui faudra peut-être une certaine audace pour oser se débarrasser de meubles ou objets dits « d'art » encombrants et les remplacer par le chef-d'œuvre unique. Mais il en retirera de grandes joies intérieures. Pour un Taureau, la véritable beauté vaut mieux que le plus parfait conformisme. Et puis, il lui faudra toujours un bouquet de fleurs. Des plus simples aux plus rares, le Taureau aime toutes les fleurs, mais celles qui caractérisent le printemps, et surtout le muguet qui symbolise le mois de mai, sont ses préférées.

Le Taureau aime le confort; il faudra qu'il y ait chez lui des sièges rembourrés élégants où l'on puisse se reposer; mais il n'appréciera pas ces divans mous où l'on s'enfonce; de beaux sièges faits d'un bois lisse et soyeux comme le merisier, dessinés avec élégance et confort comme on a su le faire au XVIIIe siècle, lui conviendront parfaitement. Quelle qu'en soit la dimension, il lui faut un appartement clair et chaleureux. Dans cet appartement, il faut qu'il ait la possibilité d'entendre, ou d'exécuter, de la belle musique. Un bon piano, s'il en joue, peut faire son bonheur; ou tout autre instrument; à défaut, ou en même temps, une « chaîne-hi-fi » en vogue, qui lui permettra de se plonger dans les délices de la musique.

La table de ses repas sera ferme, large, stable, bien placée. Quelques miroirs, un éclairage judicieux, faisant valoir le couvert, et à d'autres moments favorisant la détente et la lecture, complèteront son décor optimum.

La bonne table

Les natifs du Taureau aiment une bonne table, confortable et joyeuse. Il n'est pas nécessaire, cependant, qu'il soit entouré d'une assemblée nombreuse pour qu'un Taureau se sente en appétit : il est toujours, à ce point de vue, dans les meilleures dispositions et si cela ne se réalise pas, il est urgent de se préoccuper de sa santé. Cependant, une aimable compagnie crée une euphorie dont le Taureau ne dissimule pas qu'elle est propice, chez lui, à une bonne digestion. Quelle que soit l'heure, la chaleur humaine est précieuse au Taureau; car c'est un être essentiellement affectif.

Il ne saurait être question de prendre ses repas dans la cuisine, sauf les rares exceptions de ces cuisines modernes somptueuses, et encore le Taureau ne tient-il pas à constater la préparation de ses repas. Disons simplement qu'une pièce claire, où l'on ait la possibilité de circuler autour d'une table solide sans déranger les convives de leurs sièges, est nécessaire au Taureau pour ses repas.

Il appréciera particulièrement un service de vaisselle à fleurs.

Il ne tient pas à ce que ses assiettes soient en fine porcelaine, bien que cela ne lui déplaise pas, mais il exige que rien ne soit fêlé ni ébréché. Un tel incident peut être la cause d'un geste violent, certainement regrettable. De même, la nappe sera bien accueillie, plutôt que les « sets » à la mode, et la confortable argenterie de « papa » plutôt que les couverts modernes de ligne « scandinave » que la main tient mal.

Le Taureau a un appétit naturel, qui ne demande pas à être excité, mais qui n'aime pas attendre. Lorsque monsieur Taureau rentre à la maison pour dîner, il est préférable que tout soit prêt et le couvert mis. Il sera mieux encore que madame ne soit pas en tenue négligée.

Pour veiller à la bonne santé du Taureau, il n'est jamais opportun de lui imposer un régime; la régularité des heures et l'agrément des mets suffisent généralement; peut-être serait-il bon d'éviter les excès alimentaires, mais c'est un rôle délicat que celui de conseiller un Taureau. Pour simplifier ce type de problème, on pourra simplement lui conseiller de renoncer aux stimulants : limiter l'alcool, les cigarettes et le café. De même, s'efforcer de ne pas proposer une nourriture trop riche et remplacer l'abondance des sucres et des matières grasses par l'originalité et la finesse, la recherche et la nouveauté des recettes. Les personnes nées sous le signe du Taureau ont, en effet, une tendance certaine à l'obésité. D'autre part, leur peau supporte mal les excès alimentaires. Des rougeurs, des boutons sont les premiers signes d'alarme que leur adressent leur foie et leurs reins. Les natifs du troisième décan sont, moins que leurs frères des deux premiers, portés sur les excès de table, mais ils ont aussi moins bon estomac.

Selon les règles de l'Astrologie, on dit que les aliments sulfurés sont recommandés aux natifs du signe du Taureau. Certains légumes sulfurés seront coupés en petits morceaux et mangés crus, assaisonnés uniquement d'huile très fine et de citron. On préparera ainsi les choux-fleurs, les choux de Bruxelles, les oignons, les raves, les navets, les concombres, les radis. On fera cuire les carottes, les pommes de terre, la semoule de maïs (polenta) et les navets. On recommande la moutarde pour condiment, et le natif du Taureau en est généralement friand. On recommande également les crevettes et, comme fruits, les châtaignes, la noix de coco, les amandes et les figues.

Il est conseillé de faire figurer ces légumes et ces fruits au menu du natif du signe, mais non exclusivement, cela va sans dire.

Les enfants du Taureau

Il ne s'agit pas des enfants du natif du Taureau, mais de ceux qui naissent sous ce signe et que je pourrais aussi bien appeler les Taureaux enfants.

Comment convient-il d'élever un enfant né sous ce signe pour qu'il se porte bien et pour qu'il se développe au physique et au moral le mieux possible. C'est ce que nous allons essayer de déduire à présent de tout ce que nous savons sur ce signe. Chaque lecteur pourrait faire lui-même cette déduction, mais ce sera tellement plus simple de faire ici ce travail tout en finesse !

Vous aimez votre enfant et vous êtes disposé à faire tout ce qui est possible pour favoriser son bonheur. Tenez donc compte des indications de l'Astrologie. Ce sera un atout de plus.

Rappelons donc que ces enfants, nés entre le 21 avril et le 20 mai, participent de la nature de la Lune et de Vénus.

Vénus donnera à votre enfant le charme, l'attrait du beau et la ferveur; elle lui apportera la chance et l'imagination créatrice; la Lune lui donne une grande candeur qu'il gardera très longtemps, et grâce à laquelle il ne sera jamais un blasé revenu de tout, mais toujours prêt à s'émerveiller.

Dans son premier âge, cet enfant se montrera calme et souriant; son psychisme secondaire qui lui impose un instant d'immobilité avant toute action, le fera paraître lent, difficile à émouvoir, animé de peu de zèle. Mais en revanche, son calme le rendra particulièrement aimable, souriant, agréable à garder, à soigner, à élever. Il est facile à nourrir dès ses premières bouillies, comme il sera plus tard un bon convive. Il assimilera bien, comme il aura bien mangé et bien digéré, et son poids augmentera suivant ces courbes régulières qui font la gloire des mamans.

Et puis, ce sera le deuxième âge, période où l'enfant prend conscience de sa personnalité, de son individualité et se détachera de sa mère, psychiquement. Il se manifestera en tant que personnalité libre en exprimant sa volonté et c'est à cet instant que les choses pourraient se gâter. Le Taureau est têtu. Cet enfant ne se mettra pas très souvent en colère et il sera capable d'essuyer plusieurs refus sans rien manifester; mais lorsque la réaction se déclenchera, la scène sera dure et pénible pour les parents. L'enfant, petit à petit, s'apercevra qu'en restant obstinément fixé à son idée personnelle, il conduira ses parents ou ses éducateurs à une impatience qui finira par devenir de la colère. Dans l'éducation des enfants Taureaux, il faudra donc s'attendre à des manifestations d'un entêtement irréductible. Ce sera la première source de problèmes.

Le second trait qui mettra la patience de l'entourage à dure épreuve est une lenteur caractéristique provenant de la psychologie secondaire.

Ces deux traits de caractère se manifesteront au niveau de la nourriture. Sachant cela d'avance, les parents avisés ne se fieront pas à cette sagesse de l'enfant « qui-mange-bien-sa-soupe »; ils veilleront à ce qu'il ne mange pas au-delà de la nécessité. C'est dans la seconde enfance que se prennent les bonnes habitudes. La meilleure méthode sera de faire les parts à l'avance et de ne donner, à chacun, à table, que ce qui lui est destiné, et de l'habituer à considérer que c'est ainsi que cela doit se faire. Ce sera surtout au moment du dessert que les parents avisés tiendront compte de cet avis; d'autre part, il ne sera jamais bon de considérer le dessert comme une récompense; pour éviter tout excès, il restera au rang des autres aliments et l'enfant, sage ou non, aura sa part normale. Ainsi le complexe de la nourriture sera-t-il évité, ce terrible complexe qui fait que l'on éprouve le besoin de manger des sucreries lorsqu'on a des contrariétés ou des déceptions.

Le contrôle de la nourriture de l'enfant permettra d'éviter les ennuis qui le guettent et qui sont les troubles de la digestion, avec l'entérite, la gastralgie, la maladie de foie, les éruptions cutanées et, plus tard, lorsqu'il avancera en âge, les maladies de pléthore, diabète, arthritisme, rhumatisme, accidents coronariens, etc.

Mais cet enfant est fondamentalement affectueux et loyal, ce qui facilitera grandement son éducation.

Un autre écueil apparaîtra au cours de l'enfance du petit Taureau.

Possessif et jaloux, c'est un enfant qui refuse de donner à d'autres ses jouets, même lorsqu'il ne s'en sert plus. Même s'il s'en lasse, il veut les conserver, d'abord parce qu'il a ce sens de tout garder qui remplit les greniers, ensuite parce qu'il ne veut pas que d'autres profitent de ce qui lui a été donné. Son caractère possessif et même jaloux en fera un enfant très tendre envers sa mère qu'il entourera d'affection et couvrira de caresses, sans permettre que frères ou sœurs ou même le papa partagent cet être précieux entre tous. Cette attitude sera charmante dans les premières années; elle se gâtera s'il y a des frères et des sœurs plus jeunes. Enfin, avec la seconde enfance et l'adolescence, elle deviendra importune; l'enfant Taureau ne tardera pas à abuser de l'affection de sa mère. Si l'attitude des parents favorise cette prise de position, l'enfant se fixera dans cet état d'esprit et, plus tard, lorsque, à son tour, il aura des enfants, il ne pourra pas supporter qu'ils ne soient pas ainsi. Il exigera d'eux cette tendresse absolue et plus d'une mère née sous ce signe abuse par la suite de ses enfants et les lie trop étroitement à elle.

Enfin, à partir de l'adolescence, il est possible que

le caractère de l'enfant Taureau se gâte parce qu'il deviendra ambitieux, et trop souvent arriviste forcené. C'est une attitude qui passe plus tard, lorsqu'il acquiert de l'expérience et de la sagesse, mais elle peut causer quelques désagréments dans les années de la formation.

Cependant, et bien que nous ayons surtout signalé ici les éventuels défauts de l'enfant du Taureau, c'est un bébé qui donne de grandes satisfactions; d'abord parce qu'il a un visage rond et tendre qui est typique de la toute petite enfance; il est volontiers potelé tout en restant gracieux. Ensuite parce que, ayant tout de suite la parole facile et la voix juste, il s'exprimera très gentiment et chantera agréablement, ce que les parents apprécient toujours. Enfin parce qu'il ne fera pas de scènes à table, mangeant de tout volontiers, ce qui est un grand avantage dans les réunions de famille; on le citera en exemple.

Son jour faste est le vendredi et son jour néfaste le mardi. Il faudra donc accomplir le vendredi les actes importants de sa jeune vie si l'on veut que le retentissement en soit favorable. Tout ce qui a trait à sa santé, par exemple, sera commencé un vendredi et un nouveau traitement comme une vaccination se révéleront plus efficaces un vendredi. On ne peut pas dire que le mardi soit un jour maléfique; il n'en est généralement pas pour les petits enfants, mais il est préférable, néanmoins, de s'en méfier; c'est le jour de Mars, dieu de la violence, et cela ne peut pas lui apporter grand-chose de bien.

On pourra tenir compte aussi des chiffres bénéfiques; ce sont le 5 et le 25. Dans la kabbale hébraïque ces chiffres avaient une certaine valeur; remarquons que le 5 est composé du 2 et du 3, un nombre pair et un nombre impair, donc un ensemble d'équilibre. D'autre part, le cinq donne des effets harmonieux : un bouquet de cinq fleurs est toujours charmant; vous pouvez orner la chambre de l'enfant Taureau d'un tel bouquet, ou d'un papier-peint représentant un motif floral par groupes de cinq également.

Les endroits qui sont le plus favorable à ces enfants sont les jardins, et surtout les forêts. Il existe une vibration harmonieuse entre ces sites et la nature profonde de l'enfant Taureau. Dès ses premières semaines, l'enfant pourra être promené dans ces lieux privilégiés où ses petits poumons recevront un air pur et vivant.

Ses animaux préférés, outre le sien, le taureau, seront la perdrix, la colombe et la chèvre. Si l'enfant vit en ville, il ne pourra pas en élever comme il pourrait le faire à la campagne; mais on peut lui donner des jouets représentant ces animaux.

Ses plantes favorables sont le lis, l'ancolie, le plantain et le pin.

L'ancolie est son talisman en tant que natif du Taureau, mais la plante présentant une certaine toxicité, mieux vaut ne pas lui en donner. Elle peut cependant figurer dans sa chambre sous la forme d'une plante séchée mise sous verre, en page d'herbier, ou encore dessinée. Les lis pourront se trouver en semis sur le papier peint; enfin, le pin est aussi un bon élément décoratif; et, quand il saura grignoter les fruits secs, il aimera les pignons de pin.

Ses métaux, en tant que natif du Taureau, sont le platine et le cuivre. Il sera difficile de lui donner du platine, étant donné le coût de ce métal, mais une médaille peut en être ornée.

Sa couleur favorable est le vert, qui est la couleur de Vénus et aussi celle du printemps. Vous pouvez l'utiliser dans la décoration de sa chambre, mais en nuance adoucie, le vert amande, par exemple, car un vert trop cru serait dur et triste. Vous pouvez aussi l'entourer de bleu, car c'est une couleur qui parle à l'élément affectif de la personnalité et cet élément est très important chez l'enfant du Taureau.

Les parfums favorables sont, pour les petites filles, la verveine, pour les petits garçons, le lilas. Des eaux de toilette seront utilement employées pour créer autour d'eux un climat de chance.

Enfin, il y a des gemmes plus favorables que d'autres à la chance de cet enfant du Taureau; l'émeraude, qui rend beaucoup moins coléreux parce qu'elle apporte un équilibre raisonnable. Il y a aussi l'aigue-marine, claire et bleutée, qui flatte son affectivité; enfin, l'opale conserve, dit-on, une bonne santé. Vous pouvez lui offrir de menus objets ornés de ces pierres; éventuellement, contentez-vous d'une imitation, mais l'effet n'est pas le même et il sera dans ce cas plus illusoire que réel.

Avec ces directives, il est certain que le petit enfant né sous le signe du Taureau aura le maximum de chances de son côté pour une vie longue et heureuse.

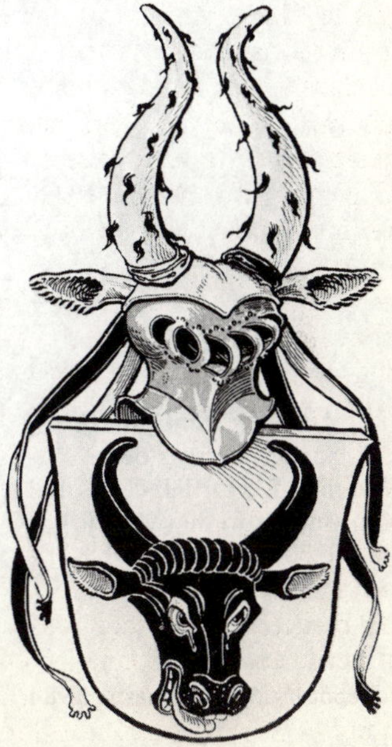

ORIGINE DES ILLUSTRATIONS

Archives photographiques : 6, 17, 155 – Bibliothèque nationale : 2, 56, 88, 112 – Bibliothèque des Arts décoratifs / Jean-Loup Charmet : 70, 87 – Bulloz : 14, 114 – Jean-Loup Charmet : 54, 74, 172, 191 – Giraudon : 20, 36 – Roger-Viollet : 42, 58 – Archives Snark : 30. H. Bordas : 8 – Gamma/Caron : 132 / Francolon : 130 / Moreau : 127 – Magnum / Le Querrec : 80 – Rapho/Berger : 22 / De Chatillon : 96 / Doisneau : 181 / Michaud : 160.
©SPADEM : 8.

Achevé d' imprimer
sur les Presses de la
Société LITOPRINT, S. A.
à Fuenlabrada (Madrid)
le 30 septembre 1988

Dépôt légal 1.er trimestre 1984

N° d'Editeur : 602